人是否平庸，
要看他无聊时做什么

"彩虹哲学"丛书主编 苏德超
【英】罗素 著 李思逸 编译

中国文籍出版社

图书在版编目（CIP）数据

人是否平庸，要看他无聊时做什么 /（英）罗素著；李思逸编译. —北京：中国文联出版社，2022.4（2023.04 重印）
（彩虹哲学 / 苏德超主编）
ISBN 978-7-5190-4850-1

Ⅰ.①人… Ⅱ.①罗… ②李… Ⅲ.①罗素 (Russell, Bertrand 1872-1970) —哲学思想—通俗读物②幸福—通俗读物 Ⅳ.① B561.54-49 ② B82-49

中国版本图书馆 CIP 数据核字 (2022) 第 049508 号

人是否平庸，要看他无聊时做什么

丛书主编：苏德超
原　　著：【英国】罗　素
编　　译：李思逸
责任编辑：张超琪　黄雪彬
特约编辑：黄博文　张维祥
责任校对：张　红　肖　纯
装帧设计：有识文化

出版发行：中国文联出版社有限公司
社　　址：北京市朝阳区农展馆南里 10 号　　邮编：100125
网　　址：http://www.clapnet.cn
电　　话：010-85923091（总编室）　　010-85923058（编辑部）
　　　　　010-85923025（发行部）
经　　销：全国新华书店等
印　　刷：三河市龙大印装有限公司

开　　本：787 毫米 × 1092 毫米　　1/32
印　　张：9
版　　次：2022 年 4 月第 1 版
　　　　　2023 年 4 月第 2 次印刷
书　　号：ISBN 978-7-5190-4850-1
定　　价：52.00 元

版权所有　侵权必究
如有印装质量问题，请与本社发行部联系调换

丛书序：幸福，快乐与生命的满足

"你幸福吗？"

这有点不好回答。我们更愿意回答的问题是："你快乐吗？"后一个问题直截了当。幸福是一个更私人的话题，不能随随便便就讲出来。但快乐不同，快乐可以写在脸上，渗在声音里。趋乐避苦是人的本性。尤其是当下的快乐，对所有人都具有强大的吸引力。它好像是一个终点，我们愿意停在那里。美味的食物、动听的音乐、曲折的故事、刺激的游戏……这些东西让我们沉醉。就算过去了，我们还津津乐道。

但是，快乐并不是终点，而只是人生旅途的一座座小站。几乎没有人一直沉迷在快乐中。一则快乐的边际效用会递减，重复的快乐让人乏味；二则快乐有成本，而快乐本身不足以支付这个成本。于是，为了快乐下去，我们必须抛开当下的快乐。有点悖理，却是事实。

离开当下的快乐，我们要到哪里去？常见的回答是下一站快乐。然而，在到达下一站之前，我们干什么呢？大多数人将不得不努力工作，或者努力学习，这样才能支付未来的快乐成本。心理学家发现，那些主动延迟即时满足感到来的儿童，长大后更容易获得世俗意义上的成功。忙着吃巧克力的孩子，不但会吃坏牙，而且也浪费了本可以用于学习的时间。隐忍、坚毅在哪一种主流文化中都是美德：对唾手可得的快乐视而不见，努力，再努力，直至想象中的更大快乐出现。本性要求趋乐避苦，文化却号召我们吃苦耐劳。重要的不是眼前的、看得见的快乐；而是未来的、看不见的快乐。有点赌博的意味，但经济和文化却因此繁荣起来。拼搏的人生才是最有意义的。拼什么？拼工作，拼学习。

事实上，一些人是如此的拼，以至于他们几乎总是把眼前的收益贮存起来，不急于兑付，以等待更大的快乐出现。更大的快乐里面，有家庭，有事业，有意气风发的壮年，有平淡而充实的老年。他们不但希望自己这样，也希望自己的孩子这样。甚至为了孩子，不少人放弃了自己对快乐的追求。身边的人意气风发，他们隐忍；身边的人志得意满，他们隐忍。隐忍的目的，只是为了孩子能有一个好的环境，可以刻苦学习，以便长大以后能找个好工作。自然，长大以后，这些孩子也会有他们的孩子。可以想见，他们大概率会走在同一条路上。

这就让人想起下面这则故事。从前有个放羊娃，每天辛辛苦苦地放羊，让羊长肥，长肥了就可以赶到集市上卖钱，有了钱就可以买更多的羊崽来放，有更多的小肥羊，卖更多的钱，直到这些钱足够娶媳妇，娶了媳妇就可以生孩子，生的孩子就又可以放羊了……看出来了吧，我们每个人都是放羊娃，只是工种不同而已。放羊自然是想得到快乐，但为了更大的快乐，我们忘记了快乐，只记得放羊了。放羊就是我们的工作。

人生就这样代际循环。海德格尔曾经这样总结亚里士多德的一生：他出生，他工作，他死去。人生的循环，概莫能外。一代一代的人，他们出生，他们工作，他们死去。从表面上看，工作联结着出生与死亡。但是很明显，工作的意义，并不是去充当从出生到死亡的摆渡者。为什么要工作啊？因为这样就可以走向死亡了。这也太荒唐了。凡是来到世间的，终将离开。工作还是不工作，都不会改变这一点。

我们工作，显然是因为我们另有所求。

这个所求当然包括快乐。最常见的快乐包括物质的享受、权力的攫取和知识的追求。更好的工作会带来更多的财富，财富愈多，物质保障愈好，我们愈能免于饥寒之迫，疾患之苦；身体无苦痛，那是何等的轻松。更好的工作，往往能带来更大的权力，让我们能影响更多的人；一呼百应，旌旗如云，那是何等的快意。更好的工作，可以让我们知道得更多，不被无明掩蔽；一切了然于胸，那是何等的畅然。从某个意义上理解，生命就是一场自我体验。注重快乐，会让我们活得内在一些。生命，不是用来张扬的，而是用来过活的；它不是别人眼中的风景，而是自己心头的喜悦。

但事情似乎没有那么简单。物质的丰富、权力的大小和知识的渊博跟快乐的关系并不密切。不是说财富越多、权力越大、见闻越广就越快乐，忧心忡忡的富人、提心吊胆的当权者、郁郁而终的学者并不少见。人类学家发现，都市里的白领并不比丛林中的原始人更快乐。

况且，快乐不一定好。快乐是一种当下感觉。人生跟着感觉走，就像开车完全相信自动导航，有时反而到不了目的地。一些快乐是危险的歧路，在感官上诱惑我们，使我们精疲力竭，茫然无措，老子说，"五色令人目盲，五音令人耳聋"；一些快乐是失意的安慰，只让我们暂时避开伤痛，舒张心意，罗隐说"今朝有酒今朝醉，明日愁来明日愁"。这样的快乐，很可能并不值得艳羡，反倒应该同情。

再者说，就算是那些生活中正面的快乐，如果我们执着于它们，很可能就会错过对更深层目标的追求。很多老人在儿孙满堂时回顾自己的一生，平平安安，快快乐乐，一直过着邻居们倾慕的生活，却依旧怅然若失：读书时，为了保险起见，没有填报更合意的学校；工作时，刚刚新婚，拒绝了外派的机会；中年升职，选择了不那么劳累但也不那么出彩的岗位……他们没有做错什么，所以他们一点儿都不后悔。他们又似乎因此错过了什么，所以他们不免有些失落。

回到前面的问题：你幸福吗？要是你不快乐，差不多你并不幸福。快乐是重要的。但是，只有快乐，我们也会有失落的时候，如果生命当中还有一些事情来不及成就，我们就并不心满意足。哲学家们认为，幸福，既指快乐，更指生命的满足。我们要的不只是当下的快乐，更是生命的满足感。心满意足，胜过任何肤浅的快乐，胜过物质、权力和知识。快乐是短暂易逝的。在恋人肩头痛哭一晚，缠绵悱恻的快乐会随着这一晚的过去而消逝，但因此带来的心满意足却是长久的，它将会在回忆中不断地为日渐消瘦的生命注入能量。心满意足了，你就幸福了，哪怕目标没有达到，哪怕人生的烛火就要熄灭。

怎样才能度过心满意足的一生，这是我们面临的最为重要的问题；长期以来，也是哲学的主要课题之一。对此几乎所有重要的哲学家都有过论述。本套丛书选编了西方哲学史上有代表性的七种回答。柏拉图说,"善"是统治世界的力量,我们应该全面地"善"待自己和他人;亚里士多德说,我们应该让自己的生命"兴旺发达",过理性沉思的生活,活出"人"的样子;斯多葛主义者说,不要放纵盲目的欲望,要跟自然一致;奥古斯丁说,相信点什么比什么也不信强,相信这个宇宙的设计者则会得到至福;卢梭说,真实地活在自己的世界中,不要让欲求超过自己的能力;尼采说,追求自己的事业,跟痛苦"正面刚";罗素说,有感情,但不要感情用事。在选编中,我们尽量去掉了过于理论化和技术化的部分,希望这套书能够给大家提供人生的镜鉴。

所有的雨后,都可能出现彩虹,只要有阳光,只要我们站在恰当的地方。雨,是所有的挫折;阳光,是我们对生命的热爱;哲学家们的思考,则是到达这些恰当地方的路线图。

苏德超 2020 年 4 月于武汉

目录

导言
罗素其人其思 | 001

I

幸福的征途

上篇　我们为什么不幸？

"是什么令人不快乐？" | 只关心自己的人不值得赞扬，也不会令人感到要去赞赏他。
032

"拜伦式的痛苦" | 得不到一些你所渴求的东西才是幸福不可或缺的条件。
038

竞争 | 人们担心的不是吃不到明天的早餐，而是自己无法胜过周围的邻居。
041

厌倦与激情 | 无法承受厌倦的一代人注定是平庸的一代。
047

/ 疲劳　　　　　　　 / 我们的所作所为并不如我们自以为的那般重要，毕竟，我们的成功与失败根本没什么大不了。
055

/ 嫉妒　　　　　　　 / 智者不会因为别人拥有什么就停止自己的快乐。
060

/ 罪恶感　　　　　　 / 一个人精力充沛时运用全部的理智思考出来的信念，应当成为他一以贯之的准则。
067

/ 被害妄想症　　　　 / 我们自己的优点总是伟大而明显，他人的优点即使存在也只会被极为慷慨的眼光所发现。
077

/ 舆论压力　　　　　 / 人只要到了可以自行决定的年龄就有权利为自己做出选择，必要的话他们甚至有犯错的权利。
090

下篇　幸福的原因

/ "幸福依然可能吗？"　 / 让自己的眼界和兴趣尽可能地宽广，对待那些令你感兴趣的人和物尽可能地抱有善意而非敌视的态度。
099

兴致	一个人感兴趣的事情越多,快乐的机会也就越多。 106
爱	只接受爱是不够的;要让接受的爱释放出施与的爱,只有当二者同等存在时,爱才可能达致最好的境界。 115
家庭	家庭未能给人提供原则上应有的慰藉,是这个时代存在普遍不满的根源之一。 122
工作	一个人从事必须而又无趣的工作时感受到的无聊,和他整天无所事事的无聊相比根本不值一哂。 128
非功利的兴趣	不幸的原因之一就是人因为疲劳和紧张,无法对自己生活利害关系以外的东西产生兴趣。 136
努力与放弃	即使是追求真正重要的东西,情感上陷得太深也是不明智的,因为对失败的担心会一直扰乱内心的平静。 142
幸福之人	只要外部环境并非绝对不幸,一个人要想获得幸福,就应该把自己的激情和兴趣投向外界而非专注于内心。 149

II

我的信念

美好的生活

知识和爱都是无限扩展的,所以无论生活有多么好,我们总是能想象一个更美好的生活。没有知识引导的爱,或没有爱所支撑的知识,均无法给人带来美好的生活。

158

科学与幸福

生活不应该被规定得太严,也不要太有目的性;只要有可能就应该让我们的冲动得到释放——只要不是毁灭性的或对他人造成伤害的;生活理应给冒险留出位置。我们应该尊重人的天性,因为我们的幸福就是建立在自身冲动和欲望之上的。

168

III

怀疑论文集

梦想与事实

在人敢于正视自己在世上的真实位置之前,没有人能从恐惧之中真正解放;除非人允许自己面对自身的渺小,否则没有人能实现真正的伟大。

186

好人办坏事	我们需要的道德应当建立在对生活的爱、增长的快乐以及积极的成就之上,而不是依赖压抑和禁止。

190

IV

闲暇颂

闲暇颂	在所有的道德品性中,善良是世界最需要的;而善良是在悠闲和安全之中诞生的,并非艰苦斗争的生活之产品。

200

"无用的"知识	在思想中而非行动中寻求愉悦的习惯,是对抗反智和过度权力欲的保护措施,也是在苦难中保持镇定、在烦恼中维持内心宁静的一种办法。

207

斯多葛主义与精神健康	想让整个人生都温柔、愉快是不可能的,所以人必须有一种态度去应付人生中不愉快的部分;但我们也要尽可能将对残忍的鼓励减少到最低。

216

V

论教育

> 构成一个人理想人格的四种基本要素是：活力、勇气、敏感和智慧。并不是说只有这四个就够了，但它们完全可以带领我们步入美好的生活。
>
> 229

VI

罗素名言录

> 如果我们真能感到我和我们的邻人是平等的，既不比他们好也不比他们差，也许生活就会少一些争斗，我们也就用不着拿这些编造的神话为自己撑起一时的虚荣。
>
> 243

编译后记

导言：罗素其人其思

英国人伯特兰·亚瑟·威廉·罗素（Bertrand Arthur William Russell，1872—1970）是20世纪最伟大的哲学家之一，也是这一领域最受普通读者欢迎的畅销书作家。大多数人即使不曾了解罗素在数理逻辑、语言哲学方面的专业贡献，也都被他机智幽默的格言、文采斐然又清晰透彻的文章打动过，更为他那丰富多彩、声名卓著的一生深深折服。的确，与其他那些痛苦的天才、悲观的智者甚至是疯了的哲人相比，罗素最令人羡慕的是他在哲学领域之外也取得了世俗的成功——他的人生是幸福的。不过照罗素的看法，他的幸福不是天生的，不是谁赐予的，而是靠自己凭借理性、智慧与勇气奋斗出来的，并且他的成功案例也是能被一般人学习和借鉴的。

天生贵族勤勉的一生

1872年5月18日，罗素出生于威尔士蒙茅斯郡一个赫赫有名的贵族家庭。祖父约翰·罗素勋爵是19世纪中期英国著名的政治家，曾两次出任首相一职。罗素的教父是另一位著名的英国哲学家、古典自由主义的代表约翰·穆勒，尽管后者在罗素1岁时就已去世，但人们始终喜欢将这些伟大的名字联系在一起。罗素的童年是孤独的。随着父母亲相继在其幼年时离世，罗素4岁起就和哥哥一起交由祖父母抚养，接受家庭教师的教育。据罗素的回忆，他11岁时从哥哥弗兰克那里学到了几何与数学定理的推演，求知的欲望和知识的乐趣可能就在这个时候被唤醒。尽管罗素能够完成一些命题的证明，比如"等腰三角形底角相等"，但他不明白为什么一定要根据相关数学公理才能将证明进行下去。哥哥对此的回答是，这是最基础的规则，如果你不遵守规则游戏就没法玩下去。显然罗素对这样的答案并不满意，这也预示着其以后最著名的哲学工作正是动摇了整个数学的根基。

1890年罗素进入剑桥大学三一学院学习数学和逻辑，在这里他结识了摩尔和怀特海等教授,并逐渐将兴趣移向思辨性的哲学方面。1894年,罗素完成学位研究论文《论几何学的基础》,并在同年12月与美国女子艾丽丝·皮尔索尔·史密斯步入第一次婚姻,后者是贵格会的成员,反对任何形式的战争与暴力,且主张和平主义和宗教自由。1900年,罗素出席在巴黎召开的国际哲学会议,了解了意大利数学家皮亚诺和帕多阿的《数学公式汇编》。受此影响且在弗雷格数学哲学的基础上,罗素于1903年发表《数学的原理》一书,提出了著名的"罗素悖论",主张数学和逻辑本质上是同一的,引发了数学史上的第三次危机。1908年,罗素当选为英国皇家学会会员,并于两年后成为剑桥大学的讲师。1910年至1913年,罗素与恩师怀特海合作10年撰写而成的三卷本《数学原理》一书终于出版。据说这部书的手稿极为庞大,需要四轮马车拉去剑桥大学出版社,而出版社亦认为要出版此书最少会亏损600英镑。好在这部大书最终得以面世,其直接奠定了罗素在专业学界的地位——40岁的罗素以哲学家的身份名满天下。

  1914年至1918年整个欧洲大陆被卷入第一次世界大战。在此期间，罗素在哲学思想方面受到其学生维特根斯坦的影响，转而讲述"逻辑原子主义"；政治活动上则致力于撰写反对第一次世界大战的文章并多次进行公开演讲。1916年，罗素因撰写相关反战小册子而被英国当局判处罚款，并失去了在剑桥大学的讲师一职。1918年，罗素因类似的反战言行而被判处六个月的监禁，在布里克斯顿监狱中完成了《数理哲学导论》一书。1920年8月，他受官方委托访问俄国，调查十月革命的相关影响。随后应北京大学的邀请，罗素前往中国讲学一年。同一时期，美国实用主义哲学家约翰·杜威、印度诗人泰戈尔都前来中国访问，他们与罗素一道对中国的知识界产生了不同程度的影响，是五四运动前后外国哲人来华讲学最为轰动的三件大事。1921年7月，罗素结束了中国之行回到英国，一直陪同其身旁的英国女作家多拉·布莱克在罗素同艾丽丝离婚后，成为其第二任妻子。此时的罗素由于失去了大学里的工作，只能依靠出版有关伦理学、教育及心理等方面的通俗读物来养家糊口。

20世纪二三十年代，罗素几乎一直奔波于英美两地。一方面，他成为切尔西选区的工党议员候选人，与妻子多拉在彼得斯菲尔德创办提倡自由教育的实验学校；另一方面，他在美国举办多次巡回演讲，与不同的知识分子进行公开论辩，题目从物理学、语言逻辑、自由言论与政治动员到"婚姻算不算失败""家庭是否会消亡"，可谓五花八门、应有尽有。由于夫妻二人同床异梦，罗素与第二任妻子多拉于1935年离婚，并于次年迎娶了第三任妻子——刚从牛津大学毕业的帕特丽夏。1939年，罗素迁居美国，先后任职于芝加哥大学、加利福尼亚大学洛杉矶分校，很快获聘为纽约城市大学的教授。然而罗素要来纽约当教授的新闻一经刊出，整个纽约市都为之愤怒。因为罗素一直以来在普通公众面前的形象都是离经叛道，发表的言论亦惊世骇俗。首先在宗教问题上，罗素无疑同意马克思的观点，认为这是所谓的精神鸦片：人们需要宗教信仰只是出于自身的软弱及对未知的恐惧，为了一种虚幻的安全感甚至宁愿放弃自己的理性与自由——这对罗素来说是不可容忍的。他为此还专门著有《为什么我不是基督徒》一书与宗教人士辩论。在当时的西方，这几乎就是与世界为敌。

其次，罗素向来不满建立在压抑与惩罚基础上的传统道德规范，提倡以幸福和快乐为旨的新伦理,这特别涉及两性方面。罗素认为在性关系中男女双方理应平等,对生理快感要有正面的肯定;与其用哄骗和惩罚对付孩子,不如向青少年普及必要的性知识;一个人的私生活作风不能成为评价其道德水平的全部,而离婚有时对于男女双方都是一种拯救。这在今天看来几乎都是常识的观点,在1940年的纽约却是极为不道德的。加上罗素本人之前两次的离婚经历,整座城市上自精英阶层,下到普通百姓,都以争相唾骂罗素这个"卑劣低下、没有信仰的小人"为荣。最终,纽约的地方法院在不允许罗素本人出庭的情况下判决他在道德品质上不足以胜任教授一职。对此,美国知识界的爱因斯坦、杜威等人都表达了强烈的愤慨,认为法院对罗素的不公正审判实在可耻。但不论如何,罗素这下在美国彻底没了工作,只好投靠费城的巴恩斯基金会,借助其举办的一系列公众哲学史讲座来谋生。这些讲座的材料构成了罗素日后最著名的作品《西方哲学史》,既帮助其获得了1950年的诺贝尔文学奖,也因为市场销售太好成了罗素晚年最主要的财政来源。由此看来,罗素可能真该感谢一下当初的纽约市民和地方法院。

1944年，罗素返回英国，重新执教于剑桥大学三一学院。在"二战"初期，罗素依旧坚持自己的反战原则——任何战争都是罪恶的。但随着局势的发展，罗素逐渐觉得像希特勒这样的存在可能对整个人类的文明和自由都是一种威胁，转而认为这世界上可能有比战争本身更严重的罪恶。进入50年代，罗素几乎将全部精力放在呼吁人们意识到战争的危险，特别是核武器带来的实际威胁方面。1955年，他成功争取到爱因斯坦的支持，发表了《罗素—爱因斯坦宣言》，号召世界各国政府致力于和平而非战争，用实际行动裁减核武器。这一宣言得到了世界各国著名科学家以及知识分子的支持，影响广泛。当然，罗素在私生活方面也没有闲着，他与帕特丽夏在1952年离婚，与美国英语教授伊迪丝·芬奇走入了最后一段婚姻。1961年9月，89岁的罗素因为参与一次反核示威再次被投进布里克斯顿监狱关了七天。他甚至在1967年5月和萨特一起成立了一个民间法庭，想要审判美国对越南进行战争的罪行。

罗素一辈子的反战行为不是源于宗教信仰，也并非出于义愤或激情，而是基于理性的实践——恰如其名言："我绝不会为了我的信仰而献身，因为我可能是错的。"罗素的晚年和他的童年一样孤独。异乎寻常的长寿使得他同时代的朋友都先他而去，身边围绕着慕名而来的年轻人大多各有心思。但罗素对此并不在意，因为世间的荣辱和个人之得失从来无法干预这位哲学家的工作——思考与写作。无论政治实践和公共活动有多么忙碌，罗素生前一共出版、发表了60多本书籍和2000多篇文章，"勤勉"二字实在是当之无愧。尽管他在哲学上并非总是对的——甚至可以说有很多错误，尽管他在生活上也并非完全言行一致——天才对于身边的亲人总是异乎寻常地残忍，但罗素还是尽可能按照自己理性得出的原则过完了一生。1970年2月2日，罗素逝世于彭林德拉耶斯，据其遗嘱，不想让自己的死亡掺杂任何宗教仪式，也不想有供人凭吊的墓地。骨灰最终被撒至威尔士的群山之中。

从逻辑悖论到语言分析

假设某村庄有一位男性理发师，他把村里的人分为两类：一类是自己不给自己刮胡子的人，另一类是自己给自己刮胡子的人。基于此，他为自己的理发店定下了一条规矩：

"本人只给村中那些不给自己刮胡子的人剃须。"

那么按照规矩，这位理发师能给自己刮胡子吗？如果他不给自己刮胡子，他就属于"自己不给自己刮胡子的人"，他就应该给自己剃须，但如果他真得给自己刮胡子的话，他又属于"自己给自己刮胡子的人"，因此，他就不该给自己剃须。看来无论怎样，这位理发师似乎都会违反自己的规矩。那么是哪里的逻辑出了问题呢？这样一个故事又有什么意义呢？

理发师悖论是罗素悖论流传最广的一个通俗版本，其实质上是"自我指涉悖论"（self-referential paradox）的一个典型。

在自然语言或形式语言中，当一个句子、一个观点或者一个公式描述的对象涉及自身时，就有可能引起矛盾。自我指涉悖论最古老的例子可以追溯到柏拉图对话录中的"说谎者悖论"（"我所说的一切都是假话。"这句话本身是真是假呢？）；最著名的则体现在哥德尔不完备性定理的证明过程中（也正是这一定理一举粉碎了罗素渴望追求数学的确定性，想从逻辑推导出数学的野心）。当然，在生活中，逻辑论证中的矛盾在日常生活的经验面前经常是可以被忽略的。无论逻辑上的结果如何，理发师当然都可以给自己刮胡子。但如果他想避免不必要的尴尬，只需在规则后面多加一句话就够了："理发师本人除外。"这种解决的思路其实就是对指涉的范围加以限制。当我们的语言表述较为含混，加上语义的封闭性，就必须通过分层、分类的方式，小心翼翼地精确我们要表达的对象，从而消除悖论。

我们也可以暂时抛开日常生活的经验，从更为形式化的角度来想象理发师悖论。假设所有的集合被收集在一起而成的集合，我们记作 S。S 中的所有元素又可以被划分为两类：一类是属于自身的元素组成的集合，记作 S_1；另一类是不属于自身的元素组成的集合，记作 S_2。由于一个元素或者属于某个集合，或者不属于某个集合，那么 S_2 是属于自身的元素吗？如果 S_2 是属于自身的元素，根据 S_2 的定义，S_2 必定不是属于自身的元素；如果 S_2 不是属于自身的元素，则 S_2 又恰恰具有了属于 S_2 的资格，所以 S_2 必定是属于自身的元素。无论是或不是，都会导致矛盾。这便是罗素悖论在逻辑和数学上的大致雏形。

19世纪后期,康托的集合论和弗雷格的谓词逻辑一起构成了现代数学的统一基础,即所谓朴素集合论的语言。对数的理解必须依赖于"集合""类"这样的概念。而罗素却用简单清晰的语言,仅仅涉及"集合""元素""属于"这些最基本的概念,就推导出了悖论,这意味着数学的根基存在着漏洞。

尽管罗素悖论中的集合既满足康托对集合的定义,也符合弗雷格用概念的外延来确定集合的方法,但在数学家和逻辑学家看来,之所以出现悖论,正是集合的概念太过宽泛、不够严密——没有限制地构造"集合的集合"是有问题的。数学家策梅洛[①]的选择公理就是对朴素集合论的完善,继而在公理化集合系统中避免罗素悖论。

罗素本人对自己提出的悖论也有一套消除方法,它更近似于我们消除理发师悖论的思路——对集合及概念进行分层设限的类型论,也就是"理发师除外"。根据他与怀特海合著的《数学原理》,

---

① 恩斯特·策梅洛:德国数学家,在数学基础和集合论方面有卓越贡献。

集合并不是可以任意归类的对象。集合与元素、类与个体都具有不同的逻辑类型,我们必须划分层次进行限制。不同类型的意义也是不同的:对于集合有效的命题就不适用于属于集合的元素。这样不仅规避了罗素悖论,也将数学归结于逻辑——数学可以看作形而上学更为基础的类理论之一部分。但罗素的做法过于庞大复杂,无法被数学家们所接受;而且罗素的证明过程也需要在逻辑之外设定公理,这违反了其纯粹从逻辑推导数学的初衷。当然最致命的还是哥德尔定理,这个定理表明总存在一些数学公式是不能被形式逻辑证明或证伪的。

尽管罗素的数理哲学思想在今天已不再被提倡,但他在思考哲学问题过程中的论证方法依旧影响深远,被誉为分析哲学的典范。罗素认为,过去很多的哲学问题其实是由不够严谨的语言所导致的伪问题,哲学家们根本不明白自己这样说的意义是什么,自然也就得不出有意义的答案。只有借助于分析的方法,将哲学问题转化为逻辑符号,用一种更为清晰、理想的语言来阐释世界的本质,这才是有意义的哲学工作——比如罗素的限定摹状词理论、存在的量化证明等。在这里，我们还是以罗素最著名的那篇论文（《论指称》）中最著名的例子（"当今的法国国王是个秃子"）来介绍这个概念。

"当今的法国国王是个秃子。"尽管这是一个完整的句子，且有明确的意思，我们却无法判断这一命题的真假。是不是秃子都没关系，问题是这个句子的主语并不存在——当今的法国没有国王。也许有读者会问，即使"当今的法国国王"在现实中并不存在，但我们至少可以言说它，这不就意味着它至少是在语言或思想中存在吗？罗素对这样的解释并不满意，我们之所以会以为虚拟事物在一定程度上"存在"完全是语言的误导，除了"当今的法国国王"类似的例子还有"圆的方""金山""独角兽"等。在他看来，这些并不是真正的专名，而是一些摹状词，它们的意谓只能通过语境的定义来传达；我们可以用摹状词的转写方法，把它们从主词的位置转移到描述语的位置，继而避免不必要的"存在"意涵、影响命题的真假。

语言之所以能够描述世界，正是由于语言和世界共享了同一种结构关系——逻辑。哲学分析的任务就是借助逻辑重塑语言，进而揭示世界的本质。这就是罗素1918年在哈佛大学的系列演讲中提出的"逻辑原子主义"。

罗素曾多次表示,自己的这一思想很大程度上应归功于他当时的学生——奥地利哲学家路德维希·维特根斯坦。这两位哲学家之间的趣闻逸事至今仍为人们津津乐道。罗素在自己哲学事业的鼎盛期遇见了这一天才学生,立即为他的思想和才华所折服,甚至自觉甘拜下风——将专业的问题留给维特根斯坦,自己去做哲学普及的工作。虽然罗素有些不满维氏著作中流露出的神秘主义,但还是极力为他宣传,帮助出版了《逻辑哲学论》——当然维氏也不满罗素为其著作撰写的导论。

多年以后,维特根斯坦在《哲学研究》中演示的治疗性哲学却令罗素完全无法接受,因为在其中,知识不再是针对外界的新发现,而变成了一种内省;对语言和意义的反思也越发脱离与我们所联系的世界。在罗素看来,后期的维特根斯坦其实是厌倦了严肃的思想,发明出一种偷懒的学说,把所有的哲学问题变成了"糊涂人以各种各样的方式在讲糊涂话"。罗素认为,哲学的目的永远是认识这个世界，无论这有多么艰难，也不管最终是否能达成，因为这才是哲学的高贵之处。逻辑和理性之所以有意义，是因为它们能帮助我们获得真理甚至实现人类的幸福；人是为了幸福才要有理性，为理性本身而讲求理性是没有意义的。这样看来，罗素在哲学的追求上其实是非常浪漫的。

1929年，维特根斯坦希望以自己的《逻辑哲学论》作为论文申请剑桥大学的博士学位。论文答辩会就由他的老师罗素来主持。不过罗素和当时哲学界的另一位巨擘摩尔竟然在维特根斯坦面前有些唯唯诺诺，不知道该如何点评和提问。而维特根斯坦在讲完自己的论文后，干脆斥责老师们不理解自己的思想，并表示他们永远都不会懂。即便如此，这也没有影响维特根斯坦顺利通过答辩，以及留在剑桥大学教授哲学。

初读这个故事时，人们往往会醉倒于维特根斯坦的孤傲天才形象，想象他那不可一世又让人们无可奈何的样子。但随着阅历的增加，我反倒觉得这个故事也是在称颂罗素——他有如此的胸怀能去容纳那些和自己一样优秀，甚至更加优秀的怪才，对真理和思想的热爱要远胜于权力与名声。也许维氏确实是一位更为深刻的哲学家,但能让他展现于世人面前的,却是因为他遇到了一位真正伟大的老师。

社会、政治及教育思想

在所有哲学家中,罗素关于社会政治、人类生活的阐发可能是最为清楚明白的。究其原因,他其实是将自己哲学上的原则运用到了人类生活领域:借助理性与逻辑,追求一种清晰、确切、保持一致的知识。这使得他的说理过程平实又直接,也令他的某些观点初看起来显得惊世骇俗,但细究起来又带有一定的合理性——好在罗素本人容得下对自己的见解进行商榷。行文上清楚流畅的代价,就是在思想上有可能被贬损为浅薄、平庸;毕竟只有看似神秘难解的东西才会被人们拿来充当权威。不过应当承认,罗素对于既有制度、传统思想的批判,要比自己提出的建设性意见精彩得多。所有的社会矛盾、政治议题在罗素那里,最终都归结为人类个体如何运用理性的问题。简单讲,如果一个人能够理性地思考、探讨,并且有勇气按照思考和探讨的结果来行事,那么社会上的大多数问题都是可以避免的。想象某一天所有人都能是理性、平和的，这无疑是一种乌托邦式的奢想——也许这一愿望本身就是非理性的。但罗素对这种响应一定会不以为然。虽然他开出的药方看起来很困难、实践起来很缓慢，但毕竟是可能的、能被人设想的——所以这是符合理性的；面对问题，不知道方法无从下手，和知道了方法却觉得太难不想去做是两码事。

对于西方社会的工业文明，罗素是持保留态度的。现代社会在带来物质繁荣与技术进步的同时，也制造出人内心深处新的恐惧与不安。过去人们担忧的是自然灾害、君主的威严、基本的生存；今天人们生活在更严重的忧虑之中：担心失去工作和经济来源，害怕得不到社会的认可，似乎不借助一种宗教信仰就无法来处理生死问题。工业文明、资本主义为社会引入了一套新的竞争机制，这让人们对自身的定位更加直截了当却又相当短视：在社会上生存就像战斗、厮杀一样，本质上都是为了获得更多的权力。而这一权力的用途与其说是为了满足基本的生存需求，不如说更多是服务于个体的感受、自我的虚荣——所有政治、经济上的投入都是为了能片刻地沉溺于自我之中，以摆脱所有的不安。自我的肯定和张扬必须引入竞争对手才算圆满完成——没有人观看、没有人羡慕的成功算不上真正的成功。所以，在这样的社会中，一个人的成功比幸福更加重要，因为前者至少能让你看起来比周围人更加幸福。

罗素认为，要想摆脱这种社会形式的束缚、实现变革，本质上有赖于对个体的教育。但在这样的社会环境下，教育体制本身又是不自由、不健全的。

受制于功利性的社会规则，教育不再是人为了实现自身、追求知识的途径。人们接受教育是为了学到有用的东西，为了能在这个社会上生存。而所谓"有用"，也就非常狭隘地意味着能为自己带来经济利益和增加政治权力的一切手段。这样培育出的人们，自然无法认清自己在整个世界或宇宙中的真实位置，也看不清由很多"无用"之物构成的人生真正宝贵之处。况且，金钱和权力在某一个时刻必然会离人而去，终有一死的人不是活在惶惶不安之中，就是在放浪形骸中靠纵欲麻醉自己。这样的教育也是唯结果论的：对于答案本身的强调要远超过获得答案的过程。

可一种只提供正确答案的教育是培养不出自由独立的人格的。因为自由的思想就意味着可以犯错，可以去挑战任何看似天经地义的答案，可以独立地运用自己的理性。理性是无法保证一个正确答案的，它只会帮你检查所走的每一步是否正确。一个以结果为目的的人，必然无法抵抗各种快捷方式的诱惑，也就必然会偏离理性指引的航向。除了现代社会机制的影响，罗素认为造成不自由教育的另一大根源则来自保守势力：宗教权威和传统伦理。

罗素对宗教的厌恶不是因为它本身有多么邪恶，而是它武断地将证据不充分的东西宣称为真理，并且把信仰置于理性之上。从最根本上来说，宗教利用了人内心对未知的恐惧和对未来的不安。当一个人被不安压得喘不过气来时，往往坚守不住自己的理性，会希望这时有人来告诉他／她究竟该如何去做。投入神的怀抱也许可以消除人的忧虑与迷茫，但这和敢死队员需要某个理由才能发起冲锋是一样的——没有畏惧并不代表有勇气去克服恐惧，而一个内心怀有恐惧的人永远得不到真正的自由。对此，最常见的一种反驳是认为宗教对于普通人来说是必要的，至少它可以帮助人们渡过苦难；

而宗教提倡的向善惩恶也有助于培养人们的道德观念、改善社会风气。但有用并不代表是真理。一个有理性的人相信一件事是因为它是真的，而不是它对自己有利。更何况在证据尚不充分的情况下，科学的做法是悬搁判断、不轻易下结论。可宗教却会向你鼓吹越是荒谬越是该相信，越是卑贱的人越加高贵。所以罗素认为它的动员手法是反智和民粹主义的；而一个为了信仰背弃理性的人，通常也会失掉反思的能力，永远觉得自己是站在真理和正义的一方，对他人大加鞭笞，于是宗教教条和伦理道德又形成了结盟关系。建立在罪感意识（对于基督教而言就是所谓"原罪"）上的道德体系，其实是操纵一种奖赏惩罚的系统强迫你这不该做那不该做，但它从来没试着去探讨、研究下某件事做或不做的实际后果及影响到底是什么。传统伦理最非理性的地方在于，不是因为一件事情本身不道德你不能去做，而是你做了这样的事就一定不道德。所以这样的道德否认了人之为人本能的欲望和自然的快乐，制造出很多不必要的束缚，给人类带来了不幸。

　　罗素在道德方面持开放态度，特别是在婚姻和两性关系上，主张男女间的自由恋爱，双方自愿的婚前性关系是正当的，离婚和羞耻、败坏没什么关系——这些在今天似乎有些老生常谈的观点，却在他所处的时代激起轩然大波，让罗素饱受争议甚至丢掉工作。

反过来，自由教育的目的就是培养理性的个人以及四种理想的质量：活力、勇气、敏感、智慧。活力可以防止自我陶醉、抵御嫉妒心，增进人们对于存在本身和外部世界的兴趣。人要想克服恐惧，不是通过压抑或逃避，更不能把恐惧转化为愤怒和残忍，而必须具备直面真实的勇气，从情感和思想内部将其化解。敏感会产生具体的同情心，令人可以理解与自己不同的他人；不敏感的人虽然不用感受他人的苦难，但同时也无法使自己更加幸福。智能则是求知的能力，只有知识才能改变人类的命运、创造美好的世界；如果我们一直坚持宗教和道德上的修身养性而不是出于好奇心去追求知识的话，人类永远都走不出愚昧与贫困。

罗素的自由教育无疑带有很强的理想主义色彩。理想并不是完全不能实现的，但这需要克服无数的困难、经过很长的时间，同时还要保持坚定的勇气。与罗素的思想形成鲜明对比的是杜威的实用主义教育哲学。杜威认为，教育的本质就是生活，是人在经验中适应、改造自己。学校是在为进入社会做准备，知识就是要拿来用的，脱离实用的真理没有意义。

这样我们就不难理解，为什么20世纪20年代杜威在中国要比罗素更受欢迎。后者更被胡适、张东荪等文化界人士讥为"说梦话"。1920年的中国知识界热切盼望罗素这位访华的大哲学家能够给出救国救民的办法——中国究竟该走哪条路，社会要如何发展，等等。秉持理性与怀疑精神的罗素认为自己没有资格，也没有能力为中国的出路指点迷津。他对西方文明充满批判，对苏维埃道路也有怀疑，反而衷心赞赏中国传统文化有自己的独特优点，不应该完全抛弃。但这对于当时内忧外患、极度渴望摆脱落后的中国来说没有什么实际的指导作用。而且罗素的讲学集中在语言心智、数理逻辑方面，这对于彼时的国人来说过于抽象，深奥难懂如同天书一般。罗素似乎觉得能教给中国人的只有逻辑的方法和理性的思维，至于解决社会问题的具体办法，自然会由学会理性思考的中国人自己去寻觅得到。与这种模棱两可、成效遥遥无期的办法相比，杜威开出的正确答案简单明了，也契合了国人的需求——有用就行。尽管历史不能假设，脱离具体语境的评判没有意义，但今天的我们是否还能轻易将罗素的理想视作"梦话"？在一个已经强大的21世纪的中国，我们究竟想过什么样的生活、成为什么样的人呢？

幸福观与方法论

1930年，由罗素所撰写的《幸福的征途》（The Conquest of Happiness，傅雷翻译为《幸福之路》）出版，从那时起，这本书就成为风靡大众的生活哲理宝典。据说维特根斯坦当年看过此书后，直斥其"令人恶心、无聊至极"。他认为罗素本有着高超的智力，却不用来去解决艰深的哲学问题，反而把时间浪费在撰写鸡汤读物上去讨好大众，实在是一种堕落。维特根斯坦死前也声称自己度过了幸福的一生，但他的幸与不幸从来都是属于天才的，是独一无二的；他未曾有过普通人的烦恼，也不会理解平凡的男男女女所追求的幸福。罗素则不然，"须知参差多态，乃是幸福的本源"——这是因为王小波而被广传的金句。他深知人既有伟大高贵的一面，也存在平庸无力的时刻。尽管哲学和逻辑能给他个人带来慰藉,但面对世间真实的不幸(特别是战争),"对遭受苦难的人类不可遏制的同情"还是在他内心占据上风。所以罗素致力于为普通人提供获得幸福的途径,也并不觉得书写心灵鸡汤有什么羞耻——只要这鸡汤是最高级的、最有用的就行。

强调理性思考和清晰论证的罗素,是不相信诸如"无知的快乐""难得糊涂"等的幸福。他所谓的幸福并不针对现实中的个人如何获得快乐,也不关涉那种抽象的、全人类的理想。幸福是我们每个人所能达到的人之为人的美好生活。这需要我们被爱所激发,为知识所引导;对自己和世界保持清醒的认识,付出长时间的努力和实践。那种当下及时的非理性快感,以及自以为看破红尘的深邃,本质上都是对生活的逃避。造成这一现象的根源是我们把自我看得太重,自大、自恋、自卑都是沉溺于自我的表现。时时刻刻都在想着获得快乐的人是最难快乐的,因为他的眼里只有自己。肯定自我曾经意味着是个性的解放,但罗素认为人的天性就容易自我陶醉,对自己以外的事物不感兴趣,对大千世界的美丽多姿充耳不闻、视而不见，所以自我又是一座不幸的牢笼。于是，得不到快乐的自我沉溺者，就会转向拥抱痛苦，把苦难当作深刻、当作自己与众不同的证明，但这其实都是自我作祟产生的幻觉罢了。人若冲不破一己悲欢的小天地，就无法见识到世间的美好，也不可能实现自身的幸福。另一方面，对自我的过分强调又会引发人对他人的嫉妒心与好胜心，所以现代社会人与人之间根本的相处之道就是竞争。竞争将生活变成一种奋斗、一场斗争，只有胜者才能获得一切。这就是现代社会最为普遍的生活哲学。但罗素认为，成功只是幸福的一方面，竞争哲学要求人们牺牲幸福的其他一切方面来获得成功，代价实在太过高昂。况且这是一种社会认可的成功，也就是他人眼里的成功，与自己的幸福并不必然一致。如果人做一件事情不是因为自己喜欢，而是为了让别人刮目相看，那这实在是太可悲了，幸福也注定会离你越来越远。

  要想获得幸福，首先要培养爱的激励。罗素所谓的爱，包含多种情感：既有天伦之乐、男女之爱，也涵盖人对世间万物抱有一种普遍的善意和关怀。罗素有时把生活之爱细分为活力、热情及非功利性的兴趣，但总的来说它们都是一种面向外在世界的善意好奇。只有对自身以外的事物产生好奇，人才会走出自我的禁闭，踏上与幸福相遇的旅途。只有充满活力的人才不容易遭受命运的拨弄，只有兴趣广泛的人才能充实自己的生活。他们能够理解并且容纳那些异己的观念与判断，学会与形形色色的人相处，真正去拥抱这个世界。罗素推崇的兴趣一定是非功利性的，因为有目的性的兴趣不过是谋求成功的一种技巧或手段，就像竞争社会中的家长们强迫自己的小孩上各种兴趣班，是为了更好地升学或是找到工作。非功利性的兴趣就是生活自发的快乐，不为无益之事，何以遣有涯之生？徜徉在这种兴趣之中，人通常可以达到忘我的境界。这并不是说他觉得自己不重要，而是意识到重要的自己也只是构成这个世界的一个很小的部分。这样的人才会具备克服恐惧所需的真正勇气。因为当自由自在的天性和积极向上的智性结合在一起时，人的生活必然是宽阔而博大的；在这样的生活中，自身的荣辱、生死都只是微不足道的事情。但那些放纵欲望之徒以及压抑恐惧的人，不会懂得这种人生。

幸福的生活也需要知识作为引导，但在求知的过程中，人必须保持理性、学会节制。很多人认为，知识越多人越痛苦。罗素却说，知识本身不会令你快乐或痛苦，它只是为解决问题提供方法。令人痛苦的永远只有自己的欲望。如果求知的欲望在理性的调控之内，那么认识世界本来就是人的天性与兴趣，更别说由此而产生的科学技术往往能帮助我们提升医疗水平、解决贫困问题等。但如果求知的欲望不受理性约束，势必会和权力欲搅在一起，掌握知识不再是为了理解和兴趣而是用来支配与占有，也就不奇怪人会借助掌握的知识制造出毒气弹、大规模杀伤性武器等。虽然罗素赞成欲望的满足给人带来的快乐，却并不把它视为生活终极、唯一的目标。人的本能欲望之所以总是和理性理智发生争斗，是因为人们念念不忘自己的愿望，总是结合自己的愿望来解释世界、评判一切，甚至不惜违背理性、否定知识揭示出的真相。可美好的愿望并不能保证幸福的结局，反智的善良有时会酝酿出更为严重的恶果。抛开知识与理性，对现实、宇宙抱定一种自以为是的愿望，是极端自负的表现。最爱惜性命的人往往最容易丧命，最渴求幸福的人也并不一定终将能得到幸福，因为他们其实是在盲目地放纵欲望。这就是罗素所讲的幸福的悖论。

理性对欲望的节制并不是要否定人的天性和本能，而是要纠正人堕于某一种本能之中引致的片面和偏执。理性本身也不会消减一个人的欲望或压抑人的情感——造成这种结果的永远只是欲望的破灭或情感的变迁。罗素认为，那些未经思考就抱有"理性等同于无趣"这种偏见的人，他们自己才是既不理性又很无趣的。节制欲望的另一个好处是帮助我们抵抗生活中的空虚与无聊，这对于现代人尤其紧要。

工业革命之前的人们，大多每日都在为生存而奔波，他们也许过得艰苦、忙碌，但很少会感到无聊空虚。为了打发无聊与烦闷，现代社会引导我们要去谋求兴奋、满足欲望。人活着要尽可能地多去旅行，欣赏异国他乡的风景；要多挣钱消费，品尝精致的美食、穿戴昂贵的衣饰；当然最重要的还是要奋斗成功，过上一种让别人都羡慕的生活。问题是，这世界上总是有你没去过的地方，有你未能尝到的佳肴，有你无法体验的生活方式。追逐泛滥的欲望，其实是拿有限的人生来消费无限的信息与景观——这本身就是无法完成的；而一个无法完成的人生，也注定会令你带着遗憾和悔恨离去。欲望的泛滥也并不是因为你真正有所渴求，只是以一种转移注意力的方式来逃避生活中的单调乏味。然而，罗素以为，不能忍受无聊的一代人注定是渺小的一代。正如所有的伟大著作中都有单调的篇章，所有伟大的生活中也必然会有乏味的时刻。无论多么伟大的人，也不是一直生活在辉煌与刺激之中的。学会忍受烦闷，与无聊共处，在平庸的日常之中仍然坚持自己，人才有可能获得生命中的美好之物。而在通往幸福的诸多可能途径中，相较于直觉、顿悟或神秘的奇迹，理性的方法在罗素看来虽然见效缓慢，却是最为可靠的。

I

幸福的征途

上篇　我们为什么不幸？

"是什么令人不快乐？"

> 当你痛苦时，将你的注意力集中在外界的对象上

我自己的一些生平经历或许是对我所倡导的这种哲学最好的介绍。我不是生来就幸福的人。我孩童时最喜欢的一句赞美诗是："令人厌倦的尘世承载着我的罪孽。"我5岁时曾想过，如果我这辈子能活到70岁，那我现在不过才勉强度过全部人生的1/14；摆在我前面的那漫长的无聊简直令人不堪忍受。青年时期我厌恶生活，总是处于自杀的边缘，然而我想多了解

些数学的愿望制止了我走向极端。现在恰恰相反，我变得享受生活；甚至可以说随着每一年时光的逝去，我都更加享受生活。这部分归功于我终于发现自己最想要的东西是什么，而且逐渐获得了它们中的大多数；部分是因为我终于成功祛除了某些欲望，把它们视作根本无法实现的——比如获得某种毋庸置疑的知识。但很大程度上，这是因为我减少了对自己的关注。像任何一个受过清教徒教育的人一样，我习惯于反思自己的罪过、愚蠢和缺点——我认为自己毋庸置疑就是这样一个可怜的样本。

我渐渐学会对自己和自己的缺点淡然处之，将注意力越来越多地集中在外界的对象上，比如世界的现状、知识的分类、那些令我喜爱的人等。对外界的兴趣的确也会带来各种可能的痛苦：世界可能被卷入战争，某方面的知识难以企及，但这些痛苦不同于自我厌恶的痛苦，它们不会摧毁生活的基本质量。而每一种对外界的兴趣都会激发某些活动，只要兴趣还未熄灭，这些活动就能全面预防对生活的厌倦。相反，对内在自我的兴趣并不会引起这类进取性的活动。它也许会让人去写日记，对自己施展心理分析，或者干脆当一个看破红尘的和尚。不过做和尚也不一定就幸福，除非寺院的戒律规训能让他忘掉自己。他归功于宗教带来的幸福其实靠扫大街也能获得，只要他强迫自己一直做下去。对于那些沉溺于自我且无药可救的不幸者来说，外部强制的规训才是通向幸福的唯一道路。

自我沉溺的三种形式

自我沉溺的方式有多种。我们可以将"道德狂""自恋狂"和"自大狂"当作最常见的三类。

"道德狂"是那类沉溺于罪恶感之中的人。他总是会自责，如果他有宗教信仰的话，他会将其诠释为是上帝在责备他。他对于自己应该成为一个什么样的人有一套想法，但这一直和他事实上的自己相互冲突……他从心里依旧接受幼年时学到的一切禁令：骂人是邪恶的；酗酒是邪恶的；生意上的小聪明是邪恶的；最重要的是，性是邪恶的。他自然不会戒除这任何一项给他带来快感的事，但那种令他堕落的感觉使他相信自己被这一切给毒害了。

"自恋狂"就是习惯于自我欣赏且渴望得到别人的赞赏……当虚荣心变得非常强时，人不会对其他任何人产生真正的兴趣，自然也不会在爱情中获得真正的满足……举例来说，一个自恋狂因为看到伟大的画家受人崇拜便也想去学习艺术；但因为绘画仅仅是他达致目的的手段，那么他就不会对作画的技术感到兴趣，他也看不到任何与己无关的作画对象。结果只会是失败与失望，与之伴随的是众人的嘲笑而非期待的奉承。

只关心自己的人不值得赞扬，也不会令人感到要去赞赏他。因此，如果一个人满脑子想着全世界要来赞赏自己却对世界了无兴趣，他是很难达成目的的。即使达成了，他也不会真的快乐，因为人的天性并非是完全以自我为中心的；所以自恋狂人为地为自己施加限制恰恰和那类被罪恶感主宰的人是一样的。

"自大狂"不同于自恋狂之处在于他渴望权力而非魅力，想要令人畏惧而非令人赞赏。很多疯子和历史中大多数的伟人都属此类。

某种意义上，一个梦想自己是国王的疯子

完全可能是快乐的，但任何理智健全的人都不会去羡慕他的那种快乐。亚历山大大帝精神上就和这个疯子一样，尽管他有雄才大略帮助他实现梦想。但他却无法真正实现自己的梦想，因为梦想总会随着他权力的增加而膨胀。当他清楚自己已是最伟大的征服者时，便执意称自己是神明。但他是一个幸福的人吗？他酗酒、狂暴，对女人冷淡，还声称自己是神，这说明他其实并不快乐。

不论是疯癫的还是尚算清醒的，所有自大狂都源于过去曾受到极端的屈辱。

然而没有人是无所不能的，如果他的一生都被权力的欲望所主宰，那么迟早会遇上无法克服的障碍。人如果不想承认这一真理就只有借助某种形式的疯狂，比如他权力足够大就可以将那些向他指出这一点的人监禁起来或者判处死刑。

> 渴望醉生梦死的人，只是放弃了希望的家伙

导致不快乐的心理原因虽然多种多样，但也有一些共同之处。典型的不快乐之人往往由于年少时一些正常的满足被剥夺，致使他把这

类满足看得比其他都重要，甚至将自己的人生驶上了狭隘的单行道：不必要地过分强调此类满足的实现，以致忽略了生活中其他的活动。不过这种情况也有了新的发展，在今天也很常见。一个人若感到自己遭到完全的挫败，便不会再寻求任何形式的满足，只求排遣和遗忘。于是他成了一个沉溺于"快感"之中的人。换言之，为了能够忍受生活，他将自己变得像行尸走肉一样。比如，酗酒就是暂时的自杀，它所带来的快感纯粹是消极的，只是短时间内暂停了不快。自恋狂和自大狂还是相信幸福是可能的，尽管他们寻找的方法是错误的；但渴望醉生梦死的人，不论以何种方式，都是放弃了希望只求遗忘的家伙。对于这种情况，首要之事是要让他相信幸福还是值得追求的。

"拜伦式的痛苦"

> 人会感到空虚，是因为天生的需求太过容易得到满足

毋庸置疑，苦闷之人在痛苦中也能获得一些轻微的补偿，比如让他们觉得自己与众不同、充满洞见。但这并不足以弥补因此而损失掉的简单的快乐。我个人也不认为忧郁本身含有更高的理性。智者会在环境允许的条件下尽可能让自己快乐，如果对宇宙的沉思令他感到过于苦闷，他会转而思考其他的问题。

我经常会陷入一种情绪状态认为一切都是虚幻的，除了一些无可避免的必行之事，任何哲学都不能帮我从这种状态中走出来。如果你的孩子生病了，你可能会觉得难过，但不会觉得这一切都是虚幻的；你会感到恢复孩子的健康才是头等大事，而不再去管人生是否有终极意义的问题。有钱人或许总会感到一切都很空虚，但若他真失去了钱财，定会意识到下一餐饭绝不是什么虚幻之事。人会感到空虚，是因

为天生的需求太过容易得到满足。人和其他动物一样，天生就要为活下去而奋斗。现代人类凭借巨大的财富不费吹灰之力就能满足所有欲望，单是生活不用努力这一点就会让他错失幸福的重要一面。人若对自己并不怎么想要的东西唾手可得，就会以为欲望的达成不能带来快乐。如果他有点哲学天分，就会断言人生根本上是悲惨的，因为一个人即使拥有了他想要的一切还是会不快乐。他却忘记了，得不到一些你所渴求的东西才是幸福不可或缺的条件。

爱情是通向合作最原始且普遍的情感形式

爱情之所以被人珍视，是因为它能提升一切最美好的快乐，比如美妙的音乐、山中的日出、月下的大海。一个男人如果从未与所爱的女人一起去欣赏美好的事物，是无法充分领略这些事物所能呈现的神奇魅力的。此外，爱情能够打破"自我"的坚硬外壳，因为它是一种生物学意义上的合作，故而双方的情感对于彼此满足本能的需求都是必可不少的。世界上不论什么时候都存在着各种各样的独身主义哲学，有些非常高尚，另一些则不然。斯多葛学派与早期的基督徒相信，人可以不依赖别人的帮助，单凭自己的意志就能达到人所能及的最高境界；另一些人则将权力当作人生的目的，更有甚者醉心于自己的享乐。这些都是独善其身的哲学，以为美好生活除了在大大小小的社会之外，也能在每个孤零零的个体那里实现。我则认为这些观点都是错的，不仅是在伦理上，也与我们天性中良善的一面相抵触。人依赖于合作，况且自然提供给我们的天然器官并不完善——也唯此才能激发出合作所需的友谊。爱情便是通向合作最原始而普遍的情感形式，那些深爱过的人绝不会同意自己的最高境界与所爱之人无关。

竞争

> 人们担心的不是吃不到明天的早餐,而是自己无法胜过周围的邻居

如果你问任何一个美国人或任何一个英国商人,最影响他享受生活乐趣的事情是什么,他会说:"为了生活而奋斗。"他说这些时极为真诚,且对此深信不疑。某种程度上他说得没错,但从更深层的意义上来讲,他的看法却是错的。诚然,谁都要为了活下去而奋斗,特别是对于那些运气不够好的人而言。比如康拉德笔下的主角福克,置身于一条破船中,只有自己和另一个水手持有武器,由于实在没有东西吃,只好把其他人当作粮食。当两个人将协议好的人肉分完后,一场真正为了生活而进行的奋战上演了。福克赢得了胜利,但从此以后再也不碰肉了。当然,那些商人嘴上讲"为了生活而奋斗"时可不是这个意思。他们挑了这个不准确的表述只是为了让本质上无足轻重的事情看起来庄严神圣。不信的话,问问他在他

这个阶层中，有多少他认识的人是因为饥饿而死的、他的朋友们即使破产了又会遭遇什么。众所周知，在物质舒适方面，一个破产了的商人要比一个从未富到能破产的穷人好得多。所以，人们说"为了生活而奋斗"真正意思是"为了成功而奋斗"。在这场奋斗中，人们担心的不是吃不到明天的早餐，而是自己无法胜过周围的邻居。

束缚他们的正是每日单调的工作

奇怪的是，鲜少有人意识到他们并非是被某种无形的机制束缚而无法逃脱，束缚他们的正是每日单调的工作。他们之所以日复一日地承受，仅仅是未能察觉这并不能让他们步入更高的境界。我想的当然是那些事业有成、已有良好收入的人，如果他们愿意就能按自己所得来生活。但这样做对他们来说似乎显得非常可耻，就像两军对阵从敌人面前逃跑了一样。如果你问他们这样工作对公众有何益处，除了应付你一堆广告里那种冠冕堂皇的套话外，他们就茫然不知所措了。

设想一个人的生活：他拥有漂亮的屋子、

美丽的妻子和可爱的小孩。每天早晨，当妻儿还在熟睡时，他就要起床直奔办公室。在那里他的任务就是要展现一个优秀行政人员的才能：下颚绷紧、讲话果决、精打细算显示出来的睿智，这一切都是为了让所有人肃然起敬——当然，打杂的临时工除外。他向秘书口授信函，与不同的重要人物通电话，研究市场，和生意对象或潜在的客户共进午餐。这一类的事情还得持续一个下午。等他疲倦地回到家，还得赶着出席晚宴，与其他那些疲惫不堪的男人装出一副享受的样子，而那些作陪的女士却还没机会感到疲累。谁也无法预料这个可怜的男人还得多长时间才能脱身。他最终是能去睡觉了，但也只有几小时的时间来缓解一下每天的紧张。

这种人的工作生活就像在进行百米赛跑，但比赛一旦开始他唯一的终点就只是坟墓而已，而那适宜于百米赛跑的紧张与专注，用在生活中迟早要出问题。他对自己的孩子了解多少？平日都待在办公室，周末他还得去高尔夫球场应酬。他对自己的妻子了解多少？白天他去上班，她还在睡觉；晚上夫妇两人忙于各自的社交活动，根本没有推心置腹的机会。尽管他可以故作亲密去迎合很多人，却鲜少有真正重要的朋友。关于春夏秋冬，他所在乎的只是季节对市场的影响。他也会出国旅行，但对看到的一切都感觉无聊。对他而言，读书没有用处，听音乐也只是浪费时间。年复一年，他越来越孤独；他越是集中精力在工作上，生意以外的生活就越发枯燥。

竞争性的成功并非幸福的来源

如果美国的商人们想变得快乐点，首先必须改变自己的信条。只要他不仅渴望成功，还完全相信男人的职责就是追求成功，而做不到的人都是可怜虫；只要他的生活还是全部集中于工作赚钱、充满焦虑，他就不会快乐。拿投资这件事来说，几乎所有的美国人都会选择收益 8% 的风险投资，而非收益 4% 的平稳增加。这样做的后果就是频繁的亏损，以及持续不断的忧虑与烦闷。就我个人而言，我希望赚钱给我带来的是有保障的悠闲生活。但一个典型的现代人总是渴望赚更多的钱，因为他们的着眼点是要借由炫耀富奢来胜过自己的同类。

麻烦的根源在于，我们过于强调把竞争性的成功当作幸福的主要来源。我并不是否认成功可以让人更易享受生活。比如一个画家，年轻时默默无闻，一旦他的才华获得认可，自然会变得快乐。我也并不是否认金钱在某种程度上能提升人的幸福感。只是超过了这一程度，金钱对于幸福来说就没有意义了。我坚信成功不过是幸福的一个要素，如果要牺牲其他全部来获得它，实在是太不值得了。

这个麻烦并不仅仅缘于个人，也没有谁能单凭自己来解决它。问题出在那被我们普遍接受的人生哲学，认为人生就是试炼、是竞争，只有胜利者才会得到人们的尊敬。这种看法导致人们以牺牲感性与智性为代价去过度培养意志力。这很可能是本末倒置的做法。清教徒们的道德家过去一直看重信仰，到了现代却大肆强调意志力。这很可能是因为清教徒时代诞生了一类新的人种，他们意志力过于发达，而感性和智性却极为匮乏，故而接受了最符合自己天性的竞争哲学。不管怎样，这些现代恐龙和自己的史前原型一样爱力量胜过智慧，他们取得的空前成功让全世界都来效仿——俨然成为所有白种人的标杆——这一趋势今后百年都很有可能延续下去。不过,对于不喜欢这股潮流的人来说,能让人释怀的是恐龙并未取得最终的胜利;它们相互残杀,让那些其他有智能的物种继承了这个星球。

厌倦与激情

人人都有想摆脱无聊的愿望

随着我们社会地位的上升，寻找刺激的渴望便会越来越强烈。那些有经济能力的人喜欢时不时换换地方去生活，总是兴高采烈地喝酒跳舞，似乎他们觉得只要在一个新的地方就能玩得更尽兴。那些不得不靠工作谋生的人必然会有厌倦的时刻，而那些有钱不用工作的人就会拥有理想中彻底摆脱无聊的生活。我并不想诋毁这高贵的理想，只恐怕它和任何其他的理想一样难以实现，远非理想主义者所设想的那样。毕竟，只要昨夜过得开心有趣，第二天早晨必然会觉得无聊。人还会有中年的时候，也可能要面临老年。人在 20 岁时会以为自己到了 30 岁就过完了所有生活。而我今年 58 岁了，并不再持有这类想法。也许把人的生命资本当作财务资本一样来消费是不明智的。也许厌倦中的某些要素对于生活而言是必须的。人想摆脱无聊的愿望是天生的，事实上只要有机会任何人都会流露出这种渴望。野蛮人第一次尝到白人手里的酒精饮料后，就像找到了逃离长久以来沉闷单调的出路；如果不是政府干预，他们恨不得把自己喝死。战争、屠杀、迫害部分原因也是为了摆脱厌倦，即使是和邻居争吵也要比无所事事好。

忍受无聊是生活中不可或缺的能力

生活中激情太多则会让人精疲力竭，因为人们总是渴求更强的刺激，并把它视作快乐必要的构成。一个习惯于过多刺激的人就像一个对吃辣有病态爱好的人，能让其他任何人都辣得够呛的分量对他来说却是完全没有味道。厌倦之中也有部分和避免过多的刺激密不可分，过多的刺激不仅有损健康，还会让人品味各种愉悦的味蕾变得麻木——身体上的愉悦取代了内心的深沉满足，机敏聪慧取代了智慧和学识，参差不齐的惊奇体验取代了美本身。我并非要走极端反对人的激情。一定量的刺激是对人有益的，但就像其他任何东西一样，关键在于量的掌控。刺激太少会让人有病态的渴求，刺激太多又会令人精疲力竭。因此，具备一定忍受无聊的能力对于幸福生活是不可或缺的，这也是理应教给年轻人的东西。

没有人一生都生活在激情之中

所有伟大的著作都有沉闷的部分，所有伟大的生活都有无趣的时刻。设想一个现代的美国出版商第一次看到《旧约全书》，把它当作全新的书稿加以审视的情形。比如读到人物系谱部分，不难想象他会作出如下评论："亲爱的先生，这一章缺乏活力；你不能期待你的读者会对仅仅一长串人物的姓名感兴趣，况且你并没有详细介绍他们。你的故事开篇讲得不错，这我承认，而且我一开始也印象良好，但你太想把一切都全盘托出了。找出你的亮点，删掉冗长的部分，等你把书稿删减到合理的长度时再拿给我看吧。"现代的出版商之所以会这么说，正是因为知道现代的读者讨厌沉闷。同样的话他可以适用于孔子的经典、《古兰经》、马克思的《资本论》以及其他一切后来被证实销量极好的神圣书籍。

当然，并非只有神圣的书籍是这样，所有

最好的小说都会有沉闷的段落。一本从头到尾都光彩夺目的小说肯定不会是一部伟大的著作。伟大的人物也并非一直生活在激情之中，除了他们人生中的重大时刻。苏格拉底可能不时去参加宴饮，即使在毒药发作时也必定能从哲学对谈中获得满足。但他一生中的大部分时光都和妻子一起平静地度过，下午去散步，说不定路上还能遇见几个朋友。康德据说一辈子都没去过哥尼斯堡十英里以外的地方。达尔文周游世界之后，剩下的人生大都在自己家里度过。马克思掀起了几场革命后，便决定将余下的日子用在大英博物馆里。总而言之，平静的生活是伟人们的一个特质，他们享受的乐趣也并非旁人想象中的，看起来激情澎湃的那种。不经历持久的工作就不可能有任何伟大的成就，但也正是由于那种沉浸其中的艰苦努力让人没有余力再去进行那类更剧烈的娱乐活动了。

> 判断一个人是否平庸,不能看他充满激情时做什么,而是无聊时在做什么

我并非认为千篇一律的生活本身有什么益处,我的意思是要想获得某些美好的事物就必须承受一定程度的单调与乏味。就拿华兹华斯的《序曲》来说,任何一个读者本来都能感受到某种思想与情感上的价值,但在城市里长大、早已学会世故的年轻人却无法领会了。一个年轻人倘若怀有严肃而富于建设性的目标,只要他觉得有必要,就一定会去自愿忍受许多令他感到厌烦的人和事。但若他过的是一种无所事事的放荡生活,心里就很难生出建设性的目标,因为他的注意力总是被引向眼前的欢乐,而非未来的成就。鉴于此,无法承受厌倦的一代人注定是平庸的一代,他们与自然那种慢慢进行的过程太过分离,他们所有生机勃勃的本能则会逐渐枯萎,就像花瓶里被裁剪过的花一样。

> 只有在自然宁静的氛围中,才能生长出真正的快乐

我不喜欢神秘难解的语言,可在这里,诗意的表述要比科学术语能更好地传达我的想法。无论我们怎样想,我们都是这个星球的造物;我们的生命是自然生命的一部分,我们从中汲取营养正如任何动物、植物一样。地球的生命

律动是缓慢的；严酷的秋冬和春夏季节一样都是必不可少的过程，休整与运动的环节也是同等重要的。对于人来说，特别是孩子，理应与地球的生命节律保持联系。人类的身体在漫长的时光中已经适应了这种节律，宗教将其中的某些部分呈现为复活节的仪式。我曾见过一个从生下来就待在伦敦的小男孩，2岁时第一次被大人带去绿色的郊野散步。当时恰逢冬季，一切都显得潮湿泥泞，这在大人看来没有任何值得高兴之处。可那孩子却呈现出一种异样的狂喜：他跪在湿漉漉的地面上，把脸埋进草丛里，还发出一些让人听不懂的欢乐的叫声。他所体验到的快乐是原始的、简单的、巨大的。那被满足的感官需求有着深沉的影响，而无法满足这一需求的人绝少是真正健全的。许多娱乐活动本身并无这种能和自然节律相联系的成分，赌博就是一个好例子。人一旦停止了这种娱乐，往往会感到混浊与不满，心里总渴求点什么，而他自己也不清楚到底在渴求什么。这一类的娱乐活动绝不可能带给人真正的快乐。

反之，那些令我们与地球韵律产生接触的

活动则有某种深沉的满足；即使停止了这些活动，它们带来的快乐依然留存，尽管强度上也许不及那些放纵的刺激。我认为，从最原始到最文明的所有消遣行为中都存在这一区别。上面提到的那个2岁的男孩，所展现的就是与自然生命联结最原始的可能形式。同样的情形也可以在诗歌中发现，只不过是以更高级的形式呈现。令莎士比亚的抒情诗至高卓绝的，正是诗里充满着和那孩童拥抱青草时一样的快乐。"听，听，那云雀""来吧，来到黄沙的海滨"，你会发现这些诗句是在用一种文明的方式表达那2岁孩童语焉不详的欢叫声。或者，再让我们想想爱情与纯粹的"性趣"之区别。爱情是一种体验，能让我们整个的存在都焕然一新，如同干旱之后沐浴着雨水的草木；而没有爱情的性行为就不会有这种体验。片刻的欢快过后，剩下的只有疲惫、厌恶和空虚。爱情是地球生命的一部分，无爱的性行为则不然。

现代都市人之所以会感到一阵特殊的厌倦与无聊，很大程度上是由于他们和自然的生命相分离。这让生活变得燥热、沉闷、干涸，就像在沙漠中漫无目的地游荡。在那些有钱选择自己生活方式的人之中,有一种特别不能忍受的无聊恰恰是出于对无聊的恐惧,这看起来就像是一个悖论。为了逃脱日常的无聊——多少还能有些成果,他们反而陷入了一种更糟糕的深沉无聊中。幸福的生活很大程度上是安静的,因为只有在宁静的氛围中才能长出真正的快乐。

疲劳

不要让日常的烦恼影响你心智的思绪

让我们来谈谈那些每日为生计奔波而感到疲劳的普通人。在这类情况中,疲劳大多源于担忧,而忧心忡忡其实是可以避免的——这需要更好的人生哲学和更多的精神自律。大多数男男女女都不擅长控制自己的思绪。我指的是,即便他们面对令自己担忧的问题无计可施时,也没办法停止思虑。男人总是带着工作上的烦恼去睡觉,夜里的时间本来是让他们养足精神去处理明天的问题,他们却把时间用来一遍遍地思考眼下无能为力的事情。这种思考不是为明天制订出可靠的行动方案,而是失眠时半疯癫的胡思乱想。半夜里的胡思乱想还会一直纠缠到第二天上午,影响判断、破坏情绪,令人遇到一点不顺心的小事就大发脾气。

明智的人只有在有确切目的时才思考他的烦恼,其他时间就处理其他事情,该睡觉的时候自然就会睡觉。我并非暗示在那些重大的危机时刻——比如破产迫在眉睫或一个男人得知妻子欺骗了他——一个人还能在无力改变的情况下放下他的担忧（少数具有极自律心灵的人除外）。但放下平日生活中那些日常的烦恼还是极有可能做到的，除非我们不得不去解决它们。在对的时间彻底思考一件事，而不是在所有时间断断续续地琢磨它；通过培养这样一种善于管理的心智能力，它能为我们带来极为可观的幸福与效率。当不得不做出一个困难或令人忧虑的决定时，尽可能掌握全部的信息并结合你最佳的判断再做出决定；一旦决定后就别再改来改去，除非你又获悉了一些新的状况。没有什么事情比犹豫不决更让人精疲力竭、徒劳无益了。

> 我们的所作所为并不如我们自以为的那般重要

有一个消除大多数忧虑的方法，就是意识到那些令我们焦虑的事情其实根本不重要。有生以来我做过很多次公开演讲。刚开始，每个观众都令我害怕，紧张的感觉让我发挥很差。我将其视作一种酷刑，以至于希望在演讲开始前碰巧把腿摔断来逃避，即使讲完了以后，那种紧绷的神经也令我精疲力竭。我渐渐地暗示自己，我讲得好或坏其实都没关系，宇宙并不因此而改变。我发现我越是不在乎自己讲得好还是坏，我反而越是讲得更好，紧张的状态慢慢减少了甚至几乎没有了。

很多紧张引起的疲劳其实都可以用这种方法解决。我们的所作所为并不如我们自以为的那般重要，毕竟，我们的成功与失败根本没什么大不了。无论经历多么巨大的悲伤人还是可以活下去；那些似乎要将我们的幸福生活终结的麻烦，终究会随着时光而暗淡，甚至我们会忘掉它当初带来的刺痛。不过除了这些自我中心的考虑外，还有一个事实是，我们的自我对于这个世界来说并不重要。如果一个人能将自己的思考和希望集中在超越自我的某事上，他就一定能在生活的庸常烦恼中觅得一分宁静——但这对于一个纯粹的自我主义者来说是不可能的。

正视恐惧

担忧是恐惧的一种体现，所有的恐惧都会导致疲劳。一个人只有学会克服恐惧，才能极大地消除日常生活中的疲劳。大多数能造成伤害的恐惧，源于一些我们不愿去面对的危险。在一些特殊的时刻，可怕的想法会闯进我们脑海；虽然因人而异，但几乎所有人都会有潜在的恐惧。有的人担心患癌症，有的人害怕破产，有的人忧心自己不光彩的秘密被揭发，有的人则是被嫉妒的猜疑所折磨，更有甚者会在夜里纠结儿时听过地狱的事情是否真的存在。大概所有这些人应付恐惧的策略都是错误的。一旦感到恐惧或害怕，他们就试图去想别的事情，用娱乐或工作上的事来转移注意力。

然而每一种恐惧之所以会更加强烈，就是因为不被人们正视。比如，怕鬼的人拼命努力转移思想、让自己不去注视它，反而令其更加可怕。正确的做法是集中精神，理性、冷静地思考各种恐惧，直到你彻底熟悉它为止。这种熟悉感最终会钝化恐惧之物的可怖，令整个话题变得乏味，我们的思想也就转移到了其他地方。但这和先前以意志的努力有意为之并不相同，仅仅是因为我们对相关话题丧失了兴趣。当你发现自己对某些事情总是念念不忘，不管你想的是什么，最好的解决办法就是比你原本考虑的再思考得多些，直到这些事情病态的吸引力逐渐消失。

嫉妒

嫉妒是人性中最不幸的情感

普通人性的所有特征之中，最不幸的就是嫉妒。嫉妒的人不仅希望给别人带来不幸——只要有机会不受惩罚他们就会去做，而且因嫉妒令自己郁郁寡欢。他不会为自己拥有的一切获得快乐，反倒因别人所拥有的东西感到痛苦。只要可能他就渴望剥夺别人的优势，唯有这样他才能保住自己的优势。倘若任由这种情绪放纵，所有最卓越的人和事都将受到严重伤害，甚至连很多对我们有益的出色技能也会受到不良影响。为什么医生可以坐车去给病人就诊，而工人就得步行去上班？为什么科学家就能在温暖的房间内消磨时间，而其他人得去承受酷寒的天气？为什么一个天赋异禀、对世界有贡献的人就能免除家务活之类的苦差事？对于这些问题，嫉妒是没有答案的。然而幸运的是人性中还有一种钦佩之情作为补偿。不论是谁，若想提升人的幸福必渴望增加钦佩而减少嫉妒。

> **儿童时期遭遇到的不幸会极大地鼓动一个人的嫉妒之情**

有什么方法能治疗嫉妒呢？对圣贤来说，治疗自私的方法是有的；但即使是圣贤也难免不去嫉妒其他的圣贤之士。如果圣西默盎[①]知道别的圣人在更窄的柱子上修行了更长时间，我怀疑他是否还能那样高兴。暂且不论这些圣贤，对于普通男女来说治疗嫉妒的唯一办法就是快乐，可问题在于嫉妒本身就是快乐的巨大阻碍。我认为儿童时期遭遇到的不幸会极大地鼓动一个人的嫉妒之情。孩子发现自己的兄弟姐妹更受宠爱就会养成嫉妒的习惯，等他步入社会后就特别留意那些令自己受伤的不公正：如果这种事真的发生，他会立即察觉；倘若没有，他也会想象出来。这种人注定不会快乐，甚至会惹他的朋友讨厌，因为没有谁能永远记得去避开他想象中的雷区。于是他开始相信没人喜欢

---

① 圣西默盎：基督教的圣人，以苦行修炼而闻名。他造了石柱，逃避来自世间的奉承也使自己更接近天堂。他住在柱上，石柱顶直径六尺，躺卧很困难，也不设座椅。他或是蹲着，或是斜倚着，白天往往伏着身体祈祷。总计他一生在石柱上度过了 30 载，人称"石柱人"。

自己，而最终他的所作所为使这一想法变成了现实。

另一种儿童时的不幸也会带来同样的后果，那就是碰到了不爱自己的父母。虽然没有更受宠爱的兄弟姐妹，但小孩会察觉到其他家庭中的孩童比自己得到更多的来自父母的关爱。这会令他厌恶其他的小孩，憎恨自己的父母，长大后甚至觉得整个社会都与自己为敌。有一些幸福是人与生俱来的权利，倘若被剥夺，就会招致反常与怨恨。

> 智者不会因为别人拥有什么就停止自己的快乐

一个善妒的人或许会说："你告诉我治疗嫉妒的方法是快乐有什么意义呢？只要我继续感到嫉妒我就没法快乐，而你还跟我讲只有我变得快乐我才能不去嫉妒。"不过真实的生活绝不会符合此类逻辑。仅仅是意识到导致我产生嫉妒的原因，就是向治疗它们迈出了一大步。习惯去攀比是极为致命的。任何快乐的事情出现时，我们应当去充分享受它；而不是去想，如果和别人的际遇相比，我这些事根本没什么可乐的。

嫉妒者会说:"没错,今天阳光明媚、春暖花开、鸟儿歌唱,但我想西西里的春天比这里要美丽1000倍,赫利孔山的鸟儿歌声更加动听,纱仑的玫瑰花要比我花园里的可爱得多。"因为他持有这样的想法,于是阳光变暗淡了,鸟儿的歌声成了没有意义的叽叽喳喳,鲜花似乎也不值得看上一眼。生命中的其他欢乐,他也会用同样的方式去对待。他会对自己讲:"的确,我的心上人非常可爱,我爱她,她也爱我,但示巴女王[①]肯定要优雅美丽得多!啊,要是我能有所罗门王那样的机会!"这样的比较不仅没有意义而且愚蠢透顶;不论令你不满的原因是示巴女王还是隔壁的邻居,他们对你来说都一样的微不足道。智者不会因为别人拥有什么就停止自己的快乐。

要想摆脱嫉妒,你就应该享受身边的快乐

嫉妒事实上是一种恶习,部分源于道德,部分源于智力。它不从事情本身出发去看待事

---

① 示巴女王:根据《希伯来圣经》中记载,她是统治示巴王国(相当于今天的埃塞俄比亚,在鼎盛时期疆域一度达到阿拉伯半岛南部和也门地区)的女王,恋慕当时智慧的所罗门王。

情，而只是着眼于它们之间的关系。假定我挣的工资足够我用，我就应该满意，但我听说一个能力并不比我强的人挣的却是我的两倍。如果我是经常会去嫉妒的人，那么我因自己所得而产生的满足感便会立即暗淡，被一种不公平的感觉所吞噬。对于这一切，正确的治疗方法就是精神上的自律，养成习惯不做无意义的纠结。

毕竟，有什么是比幸福更值得令人嫉妒的呢？假如我能治好自己的嫉妒，我就能收获快乐并让别人去羡慕。那个收入是我两倍的人无疑也会因为另一个薪酬是自己两倍的人而苦恼，照这样可以一直推下去。如果你渴望辉煌的成就，你可能会嫉妒拿破仑。但拿破仑则嫉妒恺撒，恺撒嫉妒亚历山大大帝，而亚历山大大帝会嫉妒根本不存在的赫拉克勒斯。因此，仅仅凭借成功是无法摆脱嫉妒的，因为在历史上或传说中总有比你更成功的人存在。要想摆脱嫉妒，你就应该享受身边的快乐，做你该做的工作，避免和自己想象中更加幸运的人进行比较——况且这一想象可能是完全错误的。

确保一种能满足本能需求的生活

所有的坏事都互相关联，其中任何一者都能成为另一者的诱因；更具体来说，疲劳往往频繁地诱发嫉妒。一个人若觉得自己无法胜任从事的工作，便会对什么都感到不满，非常容易去嫉妒那些工作轻松的人。所以消除嫉妒的方法之一就是消除疲劳，最要紧的是确保一种能满足本能需求的生活。很多看似纯粹职业上的嫉妒，其实源于性方面的不满足。一个对自己的婚姻和家庭感到幸福的男人，只要能够养家糊口、正确地养育小孩，他就不太可能去嫉妒那些比自己更加富有或更加成功的人。人的幸福本质上非常简单，简单到那些复杂世故的人说不清楚自己到底缺些什么。

以前，人们只会嫉妒自己的邻居，因为对其他人所知甚少。现在，通过教育和传媒，他们抽象地熟知人类的各种阶级，却不了解其中任何一个具体的人。凭借电影，他们以为自己懂得了富人是如何生活；依靠报纸，他们以为自己看清了其他国家是多么的阴险；通过宣传，他们以为自己知道了肤色不同的其他人种所干的一切勾当。黄种人恨白种人，白种人恨黑种人，诸如此类。你可能会说所有这些仇恨都是被宣传煽动的，但这种看法未免浅薄。为什么宣传动员在挑起仇恨方面永远比散播友情要成功得多呢？原因非常清楚，现代文明铸就的人类之心更倾向于仇恨而非友谊。人心倾向于仇恨是因为它不满足，因为它深深地或是无意识地感到自己不知为何丧失了人生的意义；而除了自己之外的其他人，却保留了自然为人之喜悦所赋予的美好事物。

罪恶感

罪恶感根植于人的潜意识之中

　　罪恶感最重要的表现形式是某种很深沉的东西，植根于潜意识之中，不会因为担心他人厌恶就浮现在意识之中。我们的意识会为某些行为贴上"罪恶"的标签，即使我们去考察反省也找不到任何明显的缘由。一个人若是做了这些事，就会感到惶恐不安——虽然不知道为什么。他希望自己能够弃绝这些他以为是恶的行为。他也只对那些在他看来心地纯洁的人表示道德上的钦佩。他也多少有些惆怅地意识到自己并非一个圣人；事实上，他脑子里的那种圣贤形象可能是日常生活中最难以实现的。结果他生活中总是会有罪恶感，感觉自己不配得到那些最好的，生命中最光彩的时刻就是泪流满面、忏悔自己的时候。

　　上述这一切的根源在于一个人6岁以前从自己的母亲或保姆那里接受的道德教育。从那时他就学会了骂人是恶劣的，不要使用粗俗的言语；只有坏人才去喝酒，抽烟不是一个高尚的人会做的事；还有永远不要撒谎。当然最重要的是，任何对性的兴趣都是丑恶的。他知道这些都是他母亲的看法。被母亲或者保姆亲切地照料是他生命中最大的快乐，但这只有在大家认为他遵守了道德准则、没有犯错的情况下才可获得。因此，他会将母亲或保姆反对的行为与一些可怕的事情隐约地联系起来。随着年龄渐长，他也会逐渐忘记这些道德准则的来源以及当初违背它所受到的惩罚。但他不会抛弃道德准则，并且会一直觉得若自己违反了它就要遭受一些可怕的事情。

> 一个理想的有德之士完全能够享受一切美好的事物

婴儿时期的道德教育很大部分是没有合理根据的，并且不适用于一般人的日常行为。比如，从理性的角度看，一个说"脏话"的人并不一定就比一个不说的人坏。但实际上每个人都会设想圣人最基本的特征就是不说脏话。从理性的角度看这一想象纯粹是愚蠢的。这也同样适用于饮酒和抽烟。南半球国家的人就不觉得喝酒有罪恶感。况且反对饮酒其实有一点亵渎神明的成分，因为众所周知，主和使徒们可都是饮酒的。至于抽烟就很容易遭到反对，因为所有伟大的圣人都活在烟草出现以前的年代。不过这也没有什么合理的论证。认为圣人不会抽烟的观点其实是建立这一看法的基础上：圣人不论做任何事情，都不是为了自己的快乐。

日常道德观念中的禁欲成分几乎成了一种潜意识，它以各种方式运行在我们的生活之中，令我们的道德准则变得非理性。一个理性的伦理观会认为人们追求快乐是值得赞赏的，当然包括自己在内，只要这没有为自己或他人招致相应的痛苦。如果我们摆脱禁欲主义的束缚，就会发现一个理想的有德之士完全能够享受一切美好的事物，只要并未因此产生胜过快乐的恶果。

> 一个人精力充沛时的信念，应当成为他一以贯之的准则

再谈谈撒谎的问题。我并不否认这世界上有太多的谎言，倘若真实能多一些我们都应该会更好；我所否认的就像每一个理性的人会坚决否认的一样，也就是撒谎在任何情况下都是

不对的。有一次我在乡村散步的途中瞧见一只精疲力竭、疲于奔命的狐狸。几分钟后我碰到了打猎的人们，他们问我是否看见一只狐狸，我说看见了，他们又问我它朝哪个方向跑了，我就撒了个谎。在这种情况下，我并不觉得如果我说了实话我就是一个更好的人。

但最要紧的，还是早期道德教育中有关性的部分着实有害。如果一个小孩是被某些严厉的父母或保姆用保守的方式教育长大，那么到他6岁之前都会把罪恶与性器官紧密地联系在一起，甚至很可能一辈子都摆脱不了这种影响。

这里的问题和前几章我们遇到的一样：理性的信念不仅要掌控我们有意识的思考，还必须让潜意识也注意到它。人一定不能让自己被情绪左右，一会儿相信这个，一会儿又相信那个。当有意识的意志被疲劳、疾病、饮酒等其他原因削弱时，罪恶感就会特别凸显。人在这些时刻（醉酒除外）会感到一种来自更高自我的启示。"魔鬼生病时也会变成圣人。"不过若以为病弱时的观点比强壮时的观点更富洞见，则纯粹是无稽之谈。人在脆弱的时刻很难抗拒幼稚的暗示，但无论如何也没理由认为这些暗示比一个成年人完全健康时的信念要好。恰恰相反，一个人精力充沛时运用全部的理智思考出来的信念，应当成为他一以贯之的准则。通过正确的技巧，完全可能克服潜意识的幼稚暗示，甚至改变潜意识的内容。当你开始为某个行为感到懊悔但理智告诉你并没有错时，你就应该检查这懊悔之情产生的原因，让自己详细地确认它们是荒谬的。你要让自己清楚的信念生动有力，让它们对你的潜意识施加影响，并且强大到能和你幼年时母亲、保姆施与你的影响相抗衡。

不要满足于在理性和非理性之间摇摆

不要满足于在理性和非理性之间摇摆。你应该密切地观察非理性，但绝不尊崇它，也别让它主宰自己。无论何时，只要它将愚蠢的想法、感情注入你的意识，你都应该将它们连根拔起，检查它们然后拒绝。不要让自己成为一个摇摆不定的人，一半受理性控制，一半又被幼稚愚蠢影响。不要害怕冒犯记忆中那些控制你童年的人物。他们曾经对于你来说是强大又智慧的，但不过是因为你当时弱小又无知；现在的你不一样了，你的任务是要检查他们表现出的强大与智慧是否如实，考虑你出于强加的习惯而对他们一直抱有的尊敬是否仍然适用。认真地问问自己那施加于年轻人的传统道德教育，能否让世界更加美好。

人不应该有迷信的道德

想想那些对传统有德之士的宣传中有多少是完全的迷信；尽管每一种幻想的道德风险都被极为愚蠢的禁忌所提防，但一般人所面临的真实道德危机却鲜少有人问津。有哪些是普通人会犯的真正有害的行为呢？在生意中欺诈却不受法律惩罚，苛责员工、虐待妻儿，对竞争对手恶语相向、在政治斗争中表现残忍——这些才是在可敬的以及理应被尊敬的公民之中普遍而又真正有害的罪行。一个人可以通过这些罪行向周围的人传播不幸，甚至一点一滴地毁掉整个文明。但这些事情可没法让他生病时觉得自己是个被遗弃的人，甚至无权要求上天的垂怜。这些事情也不能让他在噩梦中看见母亲责备着自己的样子。那为什么他潜意识中的道德观如此和理性相悖呢？因为幼年时监护他的人所信奉的伦理是愚蠢的；这种伦理不是从研究个人之于社会的责任中得出的，而是由非理性禁忌的陈词滥调所编造的。

大多数人一旦表面上抛弃了幼年时的迷信，就以为没有别的事需要做了。可他们没意识到这些迷信其实潜伏在深处。当我们有了一个合乎理性的确信时，就必须对其深思熟虑，贯彻它的后果，审视自己是否还存在与这一新的确信不一致的信念。当罪恶感逐渐增强时——它时不时就会这样，不要把它当作一种启悟或更高级的召唤，而是将其视为一种病态和软弱，除非它是由理性的伦理观也会谴责的行径所诱发的。我并不是建议人应该没有道德，而是在说人不应该有迷信的道德，这完全是两件不同的事情。

理性是构成内在和谐的主要部分

很多人都不喜欢理性，对于他们，我刚所讲的一切都是无关紧要、没有意义的。有一种观点认为，若任由理性自由发展，就会扼杀人身上一些更深沉的情感。在我看来，这种谬论

是源于对理性在人类生活中运作的错误想象。尽管理性的部分功用可以帮助我们避免一些有害的情绪，但理性的任务并非是去触发我们的情感。毫无疑问，理性的心理学一部分作用是帮我们找到尽可能减少憎恨、嫉妒的方法。但这并不意味着减少这些情绪的同时，也会削弱那些理性并不排斥的情感。炽热的爱情、父母的关怀、朋友的友谊、仁慈之心，以及投身于科学和艺术的热情，理性丝毫不会希望减少这些情感。理性的人，在感到部分或全部这些情感时，会为此而欣喜，绝不会想去削弱它们。因为这些情感本来就是美好生活的组成部分，这样的生活才能为自己和他人带来幸福。这些情感中没有任何非理性的东西，恰恰是非理性的人只会去在意微不足道的情绪。人们没必要担心自己变理性后会让生活过得无聊。正相反，因为理性是构成内在和谐的主要部分，有理性的人在沉思世界、努力达成外在目的方面，要比那些永远受困于内心冲突的人自由得多。没有什么比把自身封闭在自我之中更让人无聊了，也没有什么比把精力和活力投向外部世界更令人愉快了。

> **依赖麻醉才能获得的幸福注定是伪造的**

我们传统的道德过于以自我为中心,其对罪恶的设想部分是由这种不明智的自我关注造成的。对那些从未因此种道德观诱发出罪恶感的人,理性也许并不必要。但对那些曾患过此种病的人,只有理性才是有效的治疗方法。也许这种病是精神发展的必经阶段。我倾向于认为,在理性的帮助下越过这一阶段的人,要比那些无法治愈甚或从未患病的人,步入更高的境界。我们这个时代普遍存在对理性的憎恶,很大程度上这是因为没有理解理性运作的根本方式。自我分裂的人会寻求刺激和分心之物;他没理由地喜欢强烈的激情,因为它们能让自己短暂地脱离自我、摆脱思考引起的痛苦。任何激情对于他来说都是一种麻醉,由于他无法设想根本的幸福是什么,所以只能通过麻醉去缓解所有的痛苦。但这正是得了顽疾的症状。只有消除这一顽疾,最大的幸福才会随着最完整的机能而来。只有在心智最活跃、记忆最健全的时刻,人才能体会到最强烈的欢乐。这确实是幸福最好的试金石之一。依赖不论任何形式的麻醉才能获得的幸福注定是伪造的、不尽如人意的。只有全面运用了我们的机能、充分认识了我们所生活的这个世界,真正的幸福才会随之而来。

被害妄想症

如果我们觉得所有人都对自己恶语相向，是很难快乐的

我们都很熟悉这类人，无论男女，根据他们的说法，他们总是那些忘恩负义、无情背叛的受害者。这种人会把事情讲得特别可信，甚至让相识不久的人也报以温暖的同情。一般而言，他们讲的每件单独的事情都没什么问题，因为他们抱怨的那种遭遇毫无疑问确实发生过。最终唤起听众疑惑的，是这位受害者怎么运气这么差居然会遇到这么多的坏人。依照概率论，同一个社会中的不同人在生活中遭到恶劣对待的次数，很可能是差不多的。如果一个人在既定条件下遭到了普遍的恶劣对待——根据他自己的说法，那很可能原因出在他自己身上：或者他是在想象一些自己并未遭受到的伤害，或者他是无意识中表现成这样让自己充斥在恼怒之中。

因此，有经验的人对于那些声称自己总是

被世界不公正对待的受害者，多半是不大相信的；加上他们缺乏同情心，这又反过来证实了那些不幸之人的观点——所有人都在针对他们。事实上，麻烦在于处理这个问题时，不论人们是富于同情心还是缺乏同情心都能激发此类人的迫害妄想。被害妄想症者一旦发现人们相信自己的厄运故事时，就会极力渲染直到透支完自己的可信度为止；但另一方面，当他发现自己的故事不再被人相信时，他就又有了另一个世人对自己冷酷无情的例证。这种病症只有通过理解才能治愈，而理解必须传达给患者才会有效。我写这一章的目的，就是提供一些整体性的反思，以使每个个体都能察觉自己身上的被害妄想症成分（几乎每个人都不同程度地受其所害），在找到它们之后将其排除。这是幸福征程的一个重要部分，毕竟如果我们总觉得所有人都对自己恶语相向，是很难快乐起来的。

> **我们不能期望他人对我们的印象要比我们对他的印象更好**

非理性最普遍的一种形式就是人们在对待流言蜚语时的态度。几乎没人不八卦自己的熟人，甚至包括自己的朋友；但当他们听到针对自己的闲话时，却会充满义愤和错愕。显然他们从未意识到，正如自己会去八卦别人，别人也会来八卦自己。这还是此种态度的温和形式，一旦夸大就会导致被害妄想症。我们总是期望所有人都对自己投以温柔的爱和深沉的敬意——这正是我们对自己的感受。我们没有想过，我们不能期望他人对我们的印象要比我们对他的印象更好。

想不到的原因在于，我们自己的优点总是伟大而明显，他人的优点即使存在也只会被极为慷慨的眼光所发现。当你听到某人说了一些令你讨厌的话，你记得你有 99 次都忍着没对他作出公正、恰当的批评，却忘了在这第 100 次、一个毫无防备的时刻，发表了自以为是揭露他真相的言论。你觉得这是对你长久忍耐的奖励吗？况且从他的角度看，你表现出来的行为和他自己对你做的事根本没区别，他哪里知道有多少次你忍着没说，他只知道第 100 次你说出口的时候。

我们应该学会欣赏真实的对方

如果我们都学会了读心术，我想直接的后果就是一切友谊都会瓦解。不过第二个后果就很精彩了，鉴于人很难忍受一个朋友都没有的世界，我们应该学会欣赏真实的对方，用不着掩饰认为彼此并不完美的想法。我们知道自己的朋友有他们的缺点，但总体上来说他们还是那类让我们喜欢的人。不过我们一旦发现他们也是用这种态度对待我们时，就不那么好接受了。我们希望他们把我们想得和其他人不一样，我们在朋友眼中是没有缺点的。当我们被迫承认自己有缺点时，我们就是把这一显而易见的事实太当回事了。没人应该期望自己完美无缺，也不应该为自己不完美这一事实而过分困扰。

被害妄想症源于我们过分夸大了自己的优点

被害妄想症源于我们过分夸大了自己的优点。假设我是一个剧作家，对每一个不抱偏见的人来说我都是这个时代最有才华的剧作家。但不知怎么回事，我的剧作很少能上演，即使上演了也并不成功。怎么解释这一怪事呢？明显是因为剧院经理、演员、评论家出于某种原因联合起来对付我。至于原因——我自己当然是深信不疑，我拒绝向戏剧界的大腕卑躬屈膝，我没有向评论家谄媚，我的剧本里含有人们不能容忍的逆耳忠言。所以我那显而易见的才华长期得不到承认。

还有没人来检验其成果价值的发明家。制造商们墨守成规、不会创新；少数进步的企业有自己的发明家，他们总是提防着不让未被承认的天才闯进去；学术圈也是够奇怪的，不是弄丢了稿件就是原封不动地退回；希望向某些人寻求帮助也从来得不到响应。这种情况又该怎样解释呢？显然存在一个封闭的团体只想在内部分享创新的利益，不属于这个团体的人是无人理会的。

也有人是真的有冤情，事实充分、证据确凿，但他却把个人的经验普遍化，甚至得出结论认为自己的不幸承载着世间的秘密。比如说，他发现了秘密警察的一些丑闻，为了政府的利益而被深深隐藏。他几乎找不到任何媒体来公布自己的发现，那看似最高尚的人也拒绝伸出援手令他愤愤不平。目前为止，他说的和事实都相一致。他遭到的冷遇使他相信所有有权势的人为了保住权力，都极力在掩盖这一罪行。这种情形下的被害妄想症会非常顽固，因为他的确看到了一部分真相：那些亲身经历的事自然要比那些更多他没直接接触过的事更加触动。这会给他们带来一种比例上的错觉，令他们过分看重某些事实——但这有可能只是例外而非典型。

被害妄想症另一种常见的受害者是某类慈善家，他们总是违背他人意愿地对他人行善，一旦对方不领情就会愕然不安。我们行善的动机绝少如我们想象的那样纯洁。对权力的爱深藏不露，它有很多伪装；我们自以为施惠于人时所获得的快感往往就由此而来。行善之中常常掺杂着其他东西。"为他人好"通常意味着剥夺他们的某些快乐：喝酒、赌博、懒散等。这种情形下存在某种社会道德色彩浓厚的因素，为了留住朋友对我们的尊敬而极力克制的事情，这些人倒是毫无顾忌地犯了，我们对其多少有些嫉妒。

高层政治人物也会遇到类似事情。政治家逐渐聚集周围的权力，想去实现那高尚远大的目标；为此他抛弃了安逸的生活，登上公共生活的舞台。当他发现人们反对他时流露出的忘恩负义，便会惊讶不已。他从未想过自己的工作除了为公众服务外还有别的目的，也不是为了追求掌控大局的快乐才去做某些事情。慢慢地，他将那些大会上、媒体中的套话当作对真实的表述；把那些表示忠诚的修辞误作为对动机的真实分析。厌倦和幻灭，在世界背弃他之后他也放弃了这个世界，甚至后悔自己曾为了公众利益做些吃力不讨好的事。

防止迫害妄想的四条准则

以上事例为我们揭示了四条普遍准则，如果它们的真理性能得到充分的认识，那么就完全可以防止迫害妄想。第一，请记住你的动机永远没有你自以为的那样无私。第二，不要高估自己的优点。第三，不要期望他人如你本人那般在意你自己。第四，不要想象大多数人都在有心迫害你。我会逐条对这四项准则作些解释。

质疑自己的动机这点对于慈善家和行政人

员尤其必要。这类人对于世界或世界的部分应该怎样有着自己的看法。他们认为——时而正确、时而错误——实现自己的计划会让全人类或至少其中的一部分受惠。然而他们没有充分意识到，受其计划影响下的每个个体都有着同样的权利去想象一个自己渴望的世界。行政人员这类人对于自己目标的正确性往往坚信不疑，任何反对意见都是错误的。但其主观上的确定性并不足以证明其客观上的正确性。况且，他的信念又常常是对自身愉悦的一种掩饰，他乐于沉醉在自己左右世界的幻想中。除了渴望权力，爱慕虚荣则是另一种动机，且在此类情况中非常显著。就我个人经验而言，那些支持议会的高尚理想主义者，会为选民们的冷嘲热讽感到惊讶；后者认为他在乎的只是名字后面加上"国会议员"的荣耀。当选举结束后他有时间去好好想想的话，也许他会明白冷嘲热讽的选民并不一定是错的。

理想主义会令单纯的动机戴上一些奇怪的面具，所以现实主义的冷嘲热讽对于公众人物的冲击也不会太离谱。传统道德所灌输的无私程度其实是人类天性很难达到的，那些因自身美德而自豪的人，经常幻想自己已达到了这个不可达到的理想境界。即使是最高尚之人的行为，绝大多数也包含着为己的动机——这也没什么好遗憾的，不然的话人类就没法生存。

人不管做什么，都必须有强烈的兴趣才能做好，但若没有为己的动机，就很难产生强烈的兴趣。这样看来，我应该将人在生物学上的一些联系也纳入利己的动机中，比如在敌人面前保护妻儿的冲动。这种程度的利他行为是正常人性的一部分，但传统伦理所教授的那种程度就不是，且很难真正做到。那些因为自己品德高尚而希望得到赞扬的人，会说服自己已经达到了他们实际上并未达到的无私境界。所以，想做圣人的努力就会和某一种自欺紧密相连，从而容易引发被害妄想症。

第二条准则——高估自己的优点是不明智的，其实在我们谈论道德部分时已经涉及了。但道德之外的优点同样也不应该被高估。那个未曾成功的剧作家理应冷静地想一想，也许自己的作品确实不够好；而不是立即拒绝这样的可能，认为这种看法根本站不住脚。如果他发现事实就是自己的作品不够好，那么他应该像会归纳法的哲学家一样接受这一事实。

历史上确实有个被承认的天才、怀才不遇的案例，但与那些最终被证明为庸才、无能之辈的事例相比，实在是少之又少。如果一个人是不被自己时代所承认的天才，即使缺乏认可，他也理当坚持自己的道路。但反过来，如果他只不过是因为虚荣而妄自尊大的无能之辈，那还是不要坚持为好。倘若一个人受创作的冲动所折磨——他要完成那不被承认的杰作，自然就搞不清楚他到底属于这二者中的哪一个。如果你是第一类人，那么你的坚持是英勇的；如果你属于第二类，那么你的执念则是滑稽的。在你过世 100 年后，大概就能猜出你到底属于哪一类人了。不过还有一个并非无懈可击但依然很有价值的试验可做，当你怀疑自己是个天才可你的朋友们却不以为然时可以试下。你之所以创作是因为有无法遏制的冲动想要表达某些观点或情感，还是因为想要获得别人的赞赏？真正的艺术家也经常会渴望得到他人的赞赏，但这毕竟是次要的。艺术家希望创作出某一作品，也渴望它能获得认可，但即使没有得到人们的掌声，他也绝不会改变自己的风格。反过来，那些把获得他人赞誉放在第一位的人，不会强迫自己遵循内心想要表达的那种独特方式，所以他不论做出什么样的东西都没所谓。这样的人若没能凭借自己的艺术获得赞许，还是放弃为好。更宽泛地说，无论你从事什么样的职业，如果你发现周围人对你能力的评价并没有像你给自己的一样高，那么别太肯定他们就是错的。倘若你对此坚信不移，你就很容易以为存在一个阴谋想让你的才华不被世人认可，这种念头绝对会导致不幸的生活。承认自己没有自以为的那样优秀或许会带来一时的痛苦，但这种痛苦终会过去，过去之后，幸福人生的可能就会重新燃起。

　　第三条准则是不要对他人抱有太多的期待。过去病弱的妇女通常期望至少有一个女儿可以留在身边照顾自己，甚至可以为此不去嫁人。鉴于无私所带来的损失要远超自私的获得，这其实是在期待另一种违背理性的利他主义。当你和别人打交道时——特别是那些和你亲近的人，有一点很重要但常常不易被记住：他们是从自己的角度去看待他们的生活，而不是从你的角度去感受你自己的生活。没有谁应该为了别人去改变自己生活的方向。有时也会有一种强烈的情感让人自然而然地作出巨大的牺牲，但若没有的话也不用去强迫，没人应该为此受到指责。很多时候人们对于他人要求的抱怨都是利己的天性所作出的自然反应，因为另一个人的利己程度已超出了合理的界限，变成贪得无厌的索取。

最后一条准则就是，要意识到，别人花费在你身上的时间要比你自己在意自己来得少。被害妄想症的受害者总以为有各式各样的人——虽然他们各有各的主张与爱好，不分白天黑夜、想方设法地迫害这个可怜的疯子。与此类似，那些相对清醒的被害妄想症患者也觉得别人各种行为都是针对自己，但其实并非如此。当然，这样想可以满足他们的虚荣。如果他真是一个伟大的人，或许的确如此。英国政府多年来的行动都是为了挫败拿破仑。但当一个并非特别重要的人幻想别人时时刻刻在盯着自己，那他就离精神错乱不远了。假设你在一个公共晚宴上发表了一个演讲，其他演讲者的照片后来都刊登了出来，却唯独没有你的。这该作何感想呢？显然不是其他的讲者比你更重要，肯定是报刊的编辑故意要忽略你。那他们为什么要这样做呢？肯定是他们对你的无与伦比感到害怕。这样，你的照片被遗漏这件事就从对你的怠慢变成了对你的微妙恭维。然而你内心深处明白事实恰恰相反，为了尽可能地掩藏这一事实，你不得不编造出越来越多的荒唐假设。但是这种自欺并不能带来任何真实可靠的幸福。让自己相信这一切假设的压力最终会变得非常巨大。此外，由于它们也牵涉那种把自己当作众矢之的的信念，所以会产生你与世界格格不入的痛苦之感，以此来捍卫你那点自尊。可是建立在自欺之上的满足永远是不稳固的，无论真相有多么令人不快，最好也是去面对它，适应它，根据它来打造你自己的生活。

舆论压力

> 出于对世界的无知，人们承受了太多不必要的痛苦

一个人的生活方式与对世界的看法如果未能在总体上让周围的人所接受——特别是那些与之共同生活的人，他就很难感到幸福。

现代社会的一个特质就是把人们划分成不同的群体，彼此在道德观念和信仰方面截然有别。有些群体推崇艺术，另一些则认为只要是现代艺术就一定糟糕透顶。有些群体认为对帝国的忠诚是至高的美德，另一些群体则把它当作一种罪恶，更有甚者觉得这无非是愚蠢罢了。保守人士会把通奸视作最恶劣的犯罪之一，但也有很多人觉得虽然通奸不值得赞赏，但也不是不可原谅。天主教徒视离婚为绝对的禁忌，但大多数非天主教徒把它当作减轻痛苦的必要手段。

由于这些观念上的分歧，一个有着自己品位和信念的人或许会发现，自己有时在某个群

体中就是被排挤的异类,但在另一个群体中就会被当作正常人对待。许许多多的不幸,特别是年轻人的苦恼,即源于此。年轻的男女不知以什么方式获得了一些流行的观念,但他们发现这些观念在自己生活的圈子里都是不能被容忍的。年轻人很容易把自己熟悉的小圈子当作整个世界。他们很难相信,这些他们害怕去承认、被视作大逆不道的想法,在世界的另一个地方、另一群人那里会被当作他们这个年龄司空见惯的表现。因此出于对世界的无知,人们承受了太多不必要的痛苦。这有时只出现在青春期中,但折磨人一生的情况也不少见。这种孤独无助不仅带来痛苦,还会让人把大量精力浪费在对抗周遭敌意来确保精神独立的多余工作上,况且他们十有八九不敢贯彻自己的想法并以此行事。勃朗特姐妹在她们的小说出版之前,从未遇到过与自己志趣相投的人。这对勇敢而沉稳的艾米莉没有影响,却令夏洛蒂（Charlotte）饱受困扰——尽管她很有天赋,但她的观念很大程度上局限在一个女家庭教师的程度内。诗人布莱克和艾米莉·勃朗特类似,过着精神上极为孤独的生活,但也像她一样内心强大到能克服孤独的负面影响,因为他从不怀疑自己是对的而他的批评者们则是错的。

不必要的胆怯把问题变得更加严重

但拥有如此强大内心的人并不多。几乎对于每个人来讲,一个拥有共鸣的环境是幸福生活不可或缺的。当然大多数人都碰巧生活在一个合意的环境里。他们年轻时接受了当时的偏见,会不自觉地让自己适应周围的信念和习俗。但对于大多数异类人士,包括所有那些拥有罕见智力和艺术天分的人,这种对环境的盲从是不可容忍的。比如一个在偏僻小镇出生的青年,从很小的时候就会发现自己被周遭的敌意包裹——因为他们反对去做一切益于心智卓绝的出格之事。如果他希望读些严肃的著作,其他男孩会嘲笑他,老师也会告诉他这些书令人不安又无济于事。如果他热爱艺术,他的同辈人会觉得他没有男子气概,而他的长辈们则视其不务正业。不论他想从事的职业有多么令人尊敬,只要在他生活的圈子里并不常见,人们就会说他自以为是,还不如去好好继承父业。如果他对自己父母的宗教信仰或政治立场流露出些微的批评，那麻烦可就更大了。由于这些原因，对于大多数非同一般的优秀男女来说，青春期是很艰辛的。但在他们更为普通的同伴那里，青春意味着轻松和快乐。因为优秀的年轻人渴望一些更有意义的东西，但在他们偶然降生的那个群体里，这样的东西既无法在长辈那里寻得，也不为同辈人所理解。

这样的年轻人上了大学以后或许会遇到志趣相投的朋友，度过一段非常快乐的时光。如果他们幸运的话，即使在离开学校以后，也仍然能找到合得来的伙伴在一起工作。一个有智慧的人倘若生活在伦敦或纽约这样的大城市，就不难找到一个自己合意的圈子，在那里他不用约束自己也犯不着虚与委蛇。但如果他的工作把他调到一个小地方，特别是要求他对一般人保持必要的尊敬——就像医生或律师那样的情况，他也许一生都要在和每天打交道的人面前隐藏自己真正的兴趣和信念。

很多情况下是不必要的胆怯把问题变得更加严重。舆论对于那些明显怕它的人要比那些对其毫不在乎的人凶暴得多。狗在害怕它的人面前要比在蔑视它的人面前，叫得更凶、咬得更欢。人群也有类似的特征。如果你显露出自己害怕他们，那等于是在告诉他们找对了猎物；但如果你对他们不屑一顾，他们就会怀疑自己的力量进而不再对你横加干涉。

人有自我做出选择以及犯错的权利

只要有可能，觉得自己与周遭格格不入的年轻人就应该努力去寻找能给自己带来合意同伴的工作，哪怕这意味着会令你收入减少。但因为他们对世界的认识有限，并且容易设想哪里都有那种他在家习惯了的偏见，他们往往会觉得这根本无法实现。

现代世界里，这种问题大都出在年轻人身上。如果他选择了合适的工作、生活在一个融洽的环境里，大多数情况下他都能避免舆论的烦扰。但如果他涉世未深、才华又没显露，那就很可能被一些无知自大的人所摆布。这些人总以为自己能对自己无知的事作出判断，当他们意识到一个走的路都没有自己过的桥多的年轻人比他们懂得更深入时，就会勃然大怒。许多人是在经历了艰苦的斗争、长时间的压抑之后才从无知的专横中逃出来，最终他们自己也满腔愤怒、精疲力竭。有一个令人安慰的信条是说天才总能闯出自己的路，基于此，许多人便认为舆论对有才华的年轻人的迫害其实没有太大伤害。但这一说法其实是毫无根据的，就和杀人犯终将落网的理论一样。显而易见，我们所知道的杀人犯都是已经落网了的，可谁知道还有多少没被发现的杀人犯呢？同理，我们听说过的天才都是已经战胜了困境的，但并没理由去设想那些青年时就被压垮的人为数不多。更何况这不只是一个关乎天才的问题，也是社会需求人才的问题；这也不只是要以某种方式出人头地的问题，而是无需那么苦大仇深、身心俱疲也能脱颖而出的问题。鉴于这些原因，青年人的路不应该被设置得那么难走。

尽管大家都认为老年人应该尊重青年人的想法，但若说青年人也应该尊重老年人的心愿就没那么令人称道了。原因很简单，这两种情况下我们始终关注的是青年人的生活，而非老年人的生活。如果年轻人试图去干涉老年人的生活，比如反对寡居的父母再婚，那么这和老年人试图规定青年人的生活一样都是错误的。无论是老人还是青年，人只要到了可以自行决定的年龄就有权利为自己做出选择，必要的话他们甚至有犯错的权利。在任何大事上都屈从于老年人压力的青年人是不明智的。假设你是一个渴望登台演出的年轻人，而你的父母则竭力反对，他们或者认为舞台是一个不干净的地方，或者觉得从事表演社会地位低下。他们可能会给你施加各种压力：他们也许会说如果你不听话就要和你断绝关系；他们也许会告诫你不出几年你一定会后悔；他们也许还会举出一连串可怕的例子，大都是和你一样的年轻人因为轻率鲁莽最终以悲剧收场之类。他们认为舞台并不适合你这一点完全可能是正确的，或者因为你没有表演天赋，或者你的嗓音不够动听。但即使是这种情况，你也可以很快从专业戏剧人员那里获知这一点，而且有足够的时间供你改行去做别的事。不能让父母的意见成为你放弃努力的主要理由。如果不管他们怎么说，你也坚持做自己想做的事，他们很快就会改变想法，这种转变来得可能要比你和他们预想的都要快。但反过来，如果专业人士也不鼓励你的想法那就是另一回事了，毕竟对于初学者来说，业内人士的意见往往都是值得尊重的。

顺应发自内心的兴趣和品位

一般而论，我认为除了专业人士的意见，无论事大事小，人们都不需要太在意别人的看法。人当然应该尊重公众的观点，这对于让他免遭饥饿、牢狱之苦是很有必要的。但任何超出了这个限度的事，都是对不必要的专横采取自愿的屈从，而且很可能从各方面来妨碍人的幸福。就拿消费这件事来说。很多人之所以花钱买些跟他天生的品位毫不相干的东西，仅仅是出于他们觉得邻居会为自己有一辆好车、有能力举办晚宴而对自己刮目相看。事实上，一个肯定买得起好车的人，如果更钟情于旅行或藏书，最终会比所有热衷于买车的人获得更多的尊重。

我不是要人们刻意去表现得古怪反常，这其实和循规蹈矩一样无趣。我的意思是人们应该保持天性，顺应发自内心的兴趣和品位——

只要它们不是反社会的。

对舆论压力的恐惧,就像其他形式的恐惧一样,是压抑性的,且有碍成长。如果这种担忧一直很强烈,人是很难做出什么伟大的成就的,更别提获得精神上的自由了。而真正的幸福存在于精神自由之中。因为幸福的本质在于,决定我们生活方式的是我们内心深处的冲动,而非那些碰巧成为我们邻居、亲戚的人一时兴起的想法。

下篇 幸福的原因

"幸福依然可能吗?"

人要谦虚地看待自己

成功的喜悦要求人首先付出艰辛的努力。尽管最后通常都能有所成就,但在此之前,努力过程中的一切都是难以预料的。这或许解释了为什么幸福的源泉之一是人要谦虚地看待自己。低估自己的人总会为成功而惊喜万分,高估自己的人则会为失败震惊不已。前一种惊奇令人愉快,后一种则会惹人讨厌。明智的做法是别太过自负，但也不要谦卑到没了进取的动力。

> **工作并不是为了获得赞誉，而是为了工作本身**

科学家的生活往往满足实现幸福的一切条件。他从事的职业能最大化地施展自己的才能，获得的成果不仅对自己重要也有益于大众，即便他们并不理解他到底在研究什么。这方面科学家要比艺术家幸运。如果人们看不懂一幅画、理解不了一首诗，他们就会断言这些作品极为拙劣。可当他们弄不明白相对论时，就会觉得是自己接受的教育不足。所以爱因斯坦备受尊崇而最好的画家（或至少曾经最好的画家）却在阁楼里忍饥挨饿，自然爱因斯坦会快乐而画家们则不快乐。如果坚持己见来对抗外界的质疑，就很少有这样的人能真正快乐，除非他们将自己关在一个小天地里忘却冷酷的外界。科学家不需要小圈子，因为除了同行以外的所有人都觉得他们不错。艺术家恰恰相反，他们总要面对一个痛苦的抉择——不是被别人瞧不起就是自己看不上别人。如果他真具有第一流的才华，那他肯定会招致这些非此即彼的不幸——如果他展现自己，大众并不领情甚至会鄙夷他；如果他隐藏自己，则又无法忍受那些庸才。但也不是没有例外。在有些时代，好的画家即使还年轻也会受到尊重。教宗儒略二世对待米开朗琪罗算不上多好，但绝不会质疑他的才华。现代的富豪们，虽然也会资助那些江郎才尽的老艺术家们，却从不认为他们的工作会和自己的一样重要。也许正是这样的状况，使得一般情况下艺术家没有科学家快乐。

并不是只有杰出的科学家才能在工作中获得快乐，正如并非只有重要的政治人物才能在投身某一事业中感到幸福。工作的乐趣对于那些能够磨炼一技之长的人始终是可能的，只要他们是满足于自己施展的技艺而非渴求人们的赞扬。我认识一个从小就双腿残疾的人，却度过了幸福而漫长的一生。他获得幸福人生靠的是写了一部五大本有关月季疫病的书，而我也一向认为他在这个领域是顶尖的专家。我无缘结识一些贝壳学家，但从认识他们的人那里获知，研究贝壳确实能给他们带来极大的满足。我还认识一个世界上最杰出的排字工人，任何致力于开发艺术字体的人都会承认这一点。但对他来说，那些有声望的人对他发自内心的尊重所引起的快乐，远不如他在施展技艺的过程中获得的真正喜悦——这和顶尖的舞者从舞蹈本身获得的快乐如出一辙。我也认识另外一些专家级的排字工人，他们能够处理数学字体、手写字体、楔形文字，以及其他一切冷僻、艰涩的文稿。我不知道这些人的私人生活是否快乐，但在工作时他们建设性的本能一定是非常满足的。

> **幸福来自对人类和事物怀有的一种友善关注**

与投身于平凡事业相近的是沉溺于某种嗜好。在当世最杰出的数学家之中，有一位将他的时间平均分配在数学和集邮这两件事上。我想当他的研究未有进展的时候，集邮的爱好一定能给他带来些安慰。收集邮票所能解决的不只是在数论证明方面遇到困难的烦恼，也不是只有邮票才能被收藏。古瓷、鼻烟壶、罗马钱币、箭镞、古代石器，想想收集这一切所能带来的心醉神迷吧！诚然，我们中的很多人都会认为这些不过是低级的乐趣。我们小时候都有过这种乐趣，却不知为何长大后反而认为它们不适合成年人。这完全是错误的观念，因为任何只要不给别人带来伤害的乐趣都值得被珍惜。我自己则喜欢收集河流：我的乐趣来自从伏尔加河顺流而下，以及沿长江逆流而上；我也为自己至今未见过亚马孙河以及奥里诺科河深感遗憾。尽管这些情感非常简单，我觉得也没什么好羞愧的。或者你可以设想一下棒球迷们的狂热与欢乐：他们总是热切地关注棒球新闻，收音机里的实况转播能使他们激动震颤。

然而，绝大多数情况下，狂热和嗜好都不是真正幸福的来源，反而是逃避现实、忘掉那一时无法接受之痛苦的手段。真正的幸福比其他任何事都更有赖于我们对人类和事物怀有一种友善的关注。

对人的友善关注是一种爱，但不是那种贪婪、充满占有欲、渴求回报的爱。后一种常常是不幸的来源。促成幸福的那种爱意是喜欢观察人们、乐于见到他们不同的个性特征，甚至在彼此接触后也愿意为对方提供感到有趣快乐的机会，而不是想要掌控他们或者要求他们绝对崇拜自己。这种待人的态度一定能促进幸福，也会让自己领受他人的善意。这种人在和别人打交道的过程中,无论关系亲疏,他自己的兴趣和情感都能得到满足;他也不会因为别人的忘恩负义而辛酸失望,因为他鲜少遇到过,即使遇到他也不会在意。面对同样的秉性,其他人可能会恼怒异常、不堪忍受,在他看来却是一种温和的消遣。在这方面,其他人经过长久挣扎也无法达成的目的,对他来说简直不费吹灰之力。因为自己是快乐的,所以他能成为令人愉悦的伙伴,这反过来又增加了他的快乐。但这一切必须是发自肺腑的,而不是出于责任感萌发出什么自我牺牲的想法。责任感在工作中是有用的,但在人际交往上则会令人不悦。人们希望被人喜欢,而不是要被人隐忍或无奈地顺从。自发而不刻意地对人友善或许是个人幸福的最大来源。

我也提到过所谓对于事物的友善兴趣。这一说法或许有点勉强,人们会说人不可能对事物感到友善。但无论如何还是有这种类似的善意存在,就像地质学家对于岩石的兴趣抑或考古学家对于遗迹的关注,这种关怀也应该融入我们对于个人和社会的态度之中。

世界是广大的，而我们自身的力量是有限度的。如果我们将所有的幸福都绑定在个人得失上，就很容易会向生活索取的比它所能给予的更多。而索取太多注定会导致你获得的比本可能有的还要少。那些凭借真正兴趣而忘掉烦恼的人——比如喜欢研究特伦托会议或星辰的历史，会发现当自己从人类之外的世界跋涉而归时，他获得了内心的平衡和宁静以使自己以最好的状态去处理那些烦恼，当然同时他也的确度过了一段短暂却纯粹的幸福时光。

幸福的秘诀在于：让自己的眼界和兴趣尽可能地宽广，对待那些令你感兴趣的人和物尽可能地抱有善意而非敌视的态度。

兴致

> 一个人感兴趣的事情越多，快乐的机会也就越多

在这一章我打算探讨幸福之人最普遍也是最显著的标志——兴致。也许理解什么是兴致最好的办法就是考察下人们入座用餐时的不同表现。有的人觉得吃饭很无聊，不论食物多么可口，他们都没有兴致。他们尝过各种山珍海味，很可能顿顿都是如此。他们从不晓得吃不饱饭的滋味，更不明白有人会因为挨饿而充满怒火；他们仅仅把吃饭当作每天的例行公事，是一种社会习俗。就像所有其他事情一样，吃饭是无聊的，但用不着大惊小怪，因为吃饭的无聊程度还是最低的。也有些病人是把吃饭当作一种责任，因为医生告诉他们为了保持体力必须摄取一些营养。还有美食家们，开始时充满期待，吃的时候却发现没有一样菜烹调到位。老饕们，贪婪地扑向食物，吃得太多，最终身体冗赘、鼾声大作。最后一种人是出于正常的食欲才去

吃饭，对自己的饭菜感到满意，觉得吃饱了就停下来。面对人生这道宴席时，我们其实也是用类似的态度去对待它所提供给我们的美好事物。幸福之人对应的正是最后一种食客。饥饿之于食物正如兴致之于生活。觉得吃饭无聊的人是拜伦式痛苦的受害者，把吃饭当成责任的病人就像苦行僧，而饕餮之客则是纵欲享乐之徒。美食家对应的是那些爱挑剔的人，觉得自己人生一半的乐趣都不够尽善尽美。够奇怪的是，所有这些类型的人——可能老饕除外，都瞧不起食欲正常的人，自认为自己要高贵一等。对他们来说，饿了就去吃饭太过平常，所以因为生活提供了各种各样的有趣景象、美妙经历就要去享受它，这着实平庸。他们站在一种看破红尘的高度俯视芸芸众生——那些为他们所鄙夷的普通人。我自己对这种看法颇不以为然，因为所有的这类大彻大悟在我看来都是一种病。虽然某些情况下这种病症的出现不可避免，但人有病就应该及早治疗，而不是把它当作一种更高级的智慧。设想一个人喜欢草莓而另一个人则不喜欢，那么后者在什么方面要比前者更加优越呢？没有任何抽象客观的证据能证明草莓好还是不好。对于喜欢它们的人来说，草莓自然好；对于不喜欢的人来说，草莓就不好。不过喜欢草莓的人比不喜欢草莓的人多一种快乐，就此而言他的生活更有乐趣，他也更适应这个他们两人同在其中生活的世界。这件小事上显露出来的道理同样适用于那些更大的事情。仅就这点而言，喜欢看球赛的人要优于不喜欢看球赛的人，喜欢读书的人要胜过不喜欢读书的人，况且读书的机会要比看球赛的机会频繁得多。一个人感兴趣的事情越多，快乐的机会也就越多，受命运摆布的次数也就越少。因为就算他失去了一样东西，他还有其他的选择。人生太过短暂我们没法对所有事情都抱有兴趣，但为了活得充实，对许多事情兴致盎然总是好的。我们每个人都有专注于自我的倾向，对于眼前多姿多彩的世界视而不见，眼里尽是内心的空虚。但千万别以为自艾自怜之人的痛苦有什么伟大之处。

对生活有兴致的人比没兴致的人具有优势

在长途火车的旅行中，有的人完全不会留意同行的其他乘客，有的人则会对他们进行总结、分析他们的性格，巧妙地推测他们的状况，甚至还能挖掘出他们中的几个最近的秘密。人们对他人作出什么样不同的猜测，就会对他们有什么样不同的感受。有的人觉得几乎所有人都很无聊；另一些人则会很快、很容易地对刚接触的人产生亲近之感，除非有什么确定的理由令他们不会这样。再就旅行这样的事来说，有的人周游过许多国家，住最好的酒店，吃的饭菜和家里的一模一样，碰见的无聊富人也和之前见过的如出一辙，连谈论的话题都和在自己饭桌上讲的相差无几。当他们回到家，唯一的感受就是终于从无聊而昂贵的旅行中解脱出来。另一些人无论到哪儿都只看有特色的东西，和当地人相识，观察历史或社会方面的趣事，吃当地的特色菜，学习他们的习俗和语言，收获了一大堆令人愉悦的新想法回家过冬。

所有这些不同的情形中，对生活有兴致的人总是比没兴致的人具有优势。即使是不愉快的经历也能使他们受益。

> 美好的生活必须在不同的活动中保持平衡

众所周知，古代的人将节制视作一种主要的美德。但在浪漫主义和法国大革命的影响下，这种观念被很多人抛弃了。压倒性的激情受人推崇，即便是像拜伦式英雄所具有的那种反社会、破坏性的激情。但无论如何，古人在这方面明显是对的。美好的生活必须在不同的活动中保持平衡，切不可将其中一则做绝，令其他的事情都无法进行。爱吃的人为了吃牺牲一切其他的快乐，这其实是削减了他生活中幸福的总量。除了吃以外，其他过度的激情也一样糟糕。约瑟芬皇后极度痴迷于服饰。尽管有持续增加的抱怨，拿破仑最开始还是会为她埋单。但最后拿破仑告诉约瑟芬必须学会节制，他只会为合理的账目而付钱。当约瑟芬接到下一笔服饰的账单时，她一时有点不知所措，但很快就想到了一个办法。她找到军机大臣，要求他用军费为自己付款。由于军机大臣知道皇后有罢免他的权力，便照她说的做了。结果法国就在战争中失去了热那亚。虽然有不少书是这样记载的，但我并不完全相信这个故事的真实性。不过对我们来说，不管这个故事是真实的还是有些夸张，它都告诉我们对服饰的激情可以让一个女人去到何种地步来满足它。酗酒之人和耽于色欲之徒都是这一类型的显著例子。关于这些事情的道理也非常清楚：我们所有单独的趣味和欲望都必须纳入生活的总体框架之中。要想让这些趣味与欲望成为幸福的源泉，就必须使它们和我们的健康、我们所爱之人的情感以及我们所处社会的尊重互相兼容。

> **真正的兴趣，绝不是为了寻求遗忘**

我认为饕餮之徒和食欲正常之人在心理方面存在深刻的差别。<mark>一个人若是为了一种欲望而愿意牺牲掉其他所有的欲求，通常是有些深沉的烦恼，并竭力逃避内心的恐慌。</mark>酗酒之人在这方面就很典型：他们喝酒是为了遗忘。如果他们生活之中没有令其恐慌之物，他们不会觉得喝醉要比清醒更好。有这样一种说法流传甚广："不是为了喝酒才喝酒，是为了喝醉才饮酒。"这是一切过度而单一的激情之代表。它所追求的不是事物本身的快乐，而是遗忘。然而追求遗忘的方式也大不相同，或者是以愚蠢的行为获得，或者是运用全部的才智来实现。

博罗的朋友自学中文来缓解丧妻之痛当然也是在寻求遗忘，但他选择的方式就没有什么坏处，反而能增加自身的智识。我们自然没理由去反对这种逃避的方式。但倘若一个人是借助酗酒、赌博或其他无益的刺激来追求遗忘，那就是另外一回事了。当然也有些不好界定的例子。如果一个人因为觉得生活无聊就驾驶飞机或攀登山顶去疯狂冒险，我们又该说什么呢？如果他冒险之中有什么对公众的意义，我们或许会崇敬他；如若不然，我们只应该将其放在比赌徒和酒鬼高一点的位置上。

真正的兴致，绝不是为了寻求遗忘的那种，而是人类天性的组成部分——可惜目前看来它已经被不幸的环境所摧毁了。小孩子对他们看到和听到的一切都感兴趣；世界对他们来说充满了惊喜，他们也总是热切地寻求知识，当然不是学校教的那种，而是在对感兴致的东西了解过程中学到的。

> **人们彼此交谈，只是希望能从中得到好处**

动物即使是长大后，只要身体健康也会保持兴趣。一只猫进入陌生的房间，在坐下之前，总是会先嗅遍每一个角落，看看有没有老鼠的气味。一个人只要没受到重大的挫折，他就会对外部世界保持天然的兴致。只要怀有这种兴趣，他就会发现生活的愉悦，除非他的自由被过分剥夺了。文明社会中兴致的丧失，很大程度上是为了维持我们的生活方式而对自由施加了限制。野蛮人饿了就会去打猎，他这样做是遵循一种直接的冲动。每天早上按时上班的人本质上也是出于同一种冲动，即保障生计的需求。但在后一种情形下，冲动并非自发也不能在当下就被感受到；它是通过各种抽象概念、信念以及意志而间接运作的。上班的人在开始工作时并不觉得饿，因为他已经吃过早饭。但他知道自己还是会饿，所以工作成了解决将来饥饿的方法。冲动没有规律，文明社会塑造的习惯却是有规律的。野蛮人即使是参与集体活动——如果有的话，也是自发而任性的。一个部落前去作战时是用鼓声唤起战斗的激情，人群的兴奋也会刺激每一个人去完成自己必要的任务。但若想让一列火车在某个时刻开行，你是不可能用野蛮人的音乐去激励乘务员、火车司机还有调度员的。他们每个人做自己的工作仅仅是因为不得不做，所以他们的动机是间接的，并不具有对于所做活动的直接冲动，只是为了获得完成任务后的报酬罢了。许多社会活动都存在这样的弊病。人们彼此交谈并不是因为真想交流，只是希望能从这种合作中最终得到些好处。

要想冲破这些针对兴致的障碍，人必须有健康、旺盛的精力；或者如果他运气不错，他就能找到一份自己感兴趣的工作。

爱

获得爱比给予爱更能让人有安全感

人缺乏兴致的一大原因是觉得自己不被人爱；反过来，若一个人觉得自己有人爱，会比其他任何事更加促进兴致的发展。之所以觉得自己没人爱有多种原因。或许他觉得自己是个可怕的人以至于没人可能会喜欢他，或许他在童年时就已习惯了比其他小孩得到更少的爱，又或许他真的就是一个没人爱的人。但最后一种情况可能是早年的不幸经历让自己缺乏自信。而觉得自己不被爱的人也会采取不同的态度来应对。为了尽其可能获得别人的喜爱，他或许会对人表现出过分的友善。不过他极有可能不会成功，因为友善的动机很容易被对方察觉；人的天性就是喜欢把爱给予那些最不要求爱的人。因此，想通过友善的行为换取爱意的人总会为人们的忘恩负义而感到幻灭。他未曾想过自己试图换取的爱要比他所付出的物质利益贵重得多，但正是这种以贱换贵的念头构成了他所有行为的出发点。另一类人发现自己不被人爱后就想报复这个世界，或者是通过煽动战争、发起革命，或者像斯威夫特[①]那样用笔来战斗。这是对厄运的一种英勇反抗，需要一个人具有能与整个世界为敌的刚强性格，但很少有人能达到这个高度。绝大多数觉得自己不被爱的男男女女，只会沉溺于胆怯的绝望之中，透过偶尔闪现的嫉妒和怨恨来加以缓解。一般说来，这些人的生活会变得极端以自我为中心，爱意的缺失令他们缺乏安全感。为了本能地逃避这种不安，他们便任由生活被不良习惯完全支配。那些成为单调生活奴隶的人普遍对外在冷酷的世界感到畏惧，他们以为只要日复一日走着一成不变的路就永远不会踏入其中。

那些对生活具有安全感的人要比没有安全感的人更快乐，只要这种安全感没给他们带来灾祸。虽然不是全部，但大多数情况下安全感本身可以帮助一个人脱离他人无法挣脱的险境。

---

① 斯威夫特：讽刺文学大师，代表作《格列佛游记》。

如果你走在一块狭窄的木板上，下面是万丈深渊，胆战心惊会比毫不畏惧更容易让你跌下去。同样的道理也适用于生活。一个毫不畏惧的人当然也会遭遇突如其来的变故，但很可能他会毫发无伤地渡过这些险境，而一个懦弱的人却只会在其中悲伤叹息。这种有用的自信当然也有很多表现形式。有的人对登山很有自信，有的人对航海很有自信，也有的人对飞行很有自信。但对生活的普遍自信比其他任何事情都有赖于获得他人适当的爱意。

虽然大多数爱意都是相互的，但只有获得爱而非给予爱才会让人有安全感。严格说来，不光是爱，赞美也有这种效果。那些以博得公众赞赏为职业的人，比如演员、牧师、演讲者、政治家都会越来越依赖人们的掌声。当他们收到了来自公众预期的赞美，生活便会充满兴致；如果没有，他们就会心怀不满以自我为中心。多数人广泛的善意对于他们来说，就像少数人的深情厚谊对于一般人那样重要。被父母宠爱的孩子会认为他们的爱是天经地义的。虽然父母的爱对他的幸福至关重要，但他不会怎么思考这件事。他满脑子想的都是这个世界,马上要进行的冒险,以及长大后会遇到的更精彩的际遇。但在这一切外部兴趣背后,是他内心深处知道父母的爱会在灾难面前保护自己。那些出于某种原因失去父母之爱的小孩则会变得胆小、缺乏冒险精神,内心充满畏惧和自怜,再也没法对世界进行快乐的探索。这样的小孩可能在很小的时候就开始沉思生死、命运之类的问题。他可能会变成一个内向的人,刚开始显得忧郁,最终则会在某种哲学或宗教里寻求不真实的慰藉。世界是杂乱无章的,所有快乐与不幸都是随机、偶然地排列在一起。想从世界之中梳理出一个清晰的系统或模式这样的愿望是出于心底的恐惧,这其实是广场恐惧症——对开放空间的畏惧。胆小的学生会因为躲在四壁环绕的书房中而感到安全。如果他能说服自己宇宙也是同样地清晰有序,那么当他偶尔上街时也能感到几乎相同的安全。这样的人,得到的爱越多,对现实世界的畏惧就越少,也就更不必要在自己的信仰中发明出一个理想的世界作为替代品。

> **付出的爱本身必须是强健的而非胆怯的**

然而并非所有的爱都会鼓励冒险。付出的爱本身必须是强健的而非胆怯的，它对自己爱的对象卓越的期望要胜过对安全的期许，当然这绝不等于对被爱者的安全漠不关心。胆小的母亲或保姆总是警告小孩要居安思危、未雨绸缪，因为灾难随时会到来。她以为所有的狗都会咬人，所有的公牛都会发疯，这让孩子变得和她自己一样胆怯，甚至觉得只有待在她身边才安全。对那些占有欲过剩的母亲来说，孩子的这个感觉反而能给她带来快慰，她或许希望自己的孩子在面对世界时更多地依赖她而不是依赖自己的能力。长期来看，这种情况下的小孩可能会比那些得不到爱的孩子发展得更差。而早年养成的心智习惯很有可能持续一生。许多人坠入爱河都是在寻找逃避这个世界的避风港，在那里他们能确保自己得到喜爱和赞赏——哪怕他们本身并不值得被喜爱和赞赏。对很多男人来说，家就是现实的避难所：他们的畏惧和懦弱令自己喜欢有人陪伴，从而抛下这些情绪。他们在自己妻子身上寻求曾从不明智的母亲那里获得的爱与安全，但若妻子把他们视作已经长大的孩子时，他们就会感到惊讶、不被理解。

要想说明什么是最好的爱并不容易，因为爱之中总有些保护性的因素。我们所爱之人若受到伤害，我们定然不会漠不关心。不过我认为对灾祸的担忧和对灾祸实际发生的同情是不同的，前者在爱之中的影响越小越好。替他人担忧仅仅比担心自己要好一点，而且这极有可能是一种占有欲的伪装。这是希望唤起他人的恐惧来更彻底地掌控他们。这也许能解释为什么男人更喜欢胆小的女子，他们凭借提供保护来拥有她们。

最好的爱是互惠的爱

最好的爱是互惠的，是彼此为对方赋予生命：双方都充满愉悦地接受爱，也自然而然地施与爱，这种互惠的幸福令每一方都觉得这个世界更加富有乐趣。也有一种爱，虽然并不常见，但其中一方蚕食对方的生命、只求索取不予回报。有些生命力旺盛的人就属于这种吸血的类型。他们从一个又一个受害者那里汲取营养，等到自己强盛、富有魅力了，便任由对方逐渐变得苍白、黯淡而麻木。这些人只是将他人视作实现自己目的的手段,从不把他人本身视作目的。根本上来看,他们对那些自己一时爱上的人并不感兴趣,他们感兴趣的只是针对自身活动的刺激——可能是根本没有感情色彩的那种。这显然是源自他们人性中的缺陷,但很难被发现、被治愈。因为这种性格和强烈的野心混杂在一起,且来源于对人的幸福的一种过于片面的看法。不过基于彼此双方真诚互惠的爱绝不是为了实现各自好处的手段,而是作为一种结合带来共同的利益,这才是真正幸福最重要的因素之一。那些将自我紧紧封锁起来而无法将其扩大的人,不论事业上有多么成功,都必然会错失人生所能给予的最好之物。将爱排除在外的野心一般源自对人类的某种愤怒和憎恨,这种憎恨或者是年少时经历的不幸,或者是年老时遭逢的不公,又或者是任何原因引起的被害妄想症。太过强烈的自我是一座监狱,人若想真正享受这个世界就必须从监狱中逃脱。而一个人有能力真正去爱则标志着他已经逃离了自我这座监狱。只接受爱是不够的;要让接受的爱释放出施与的爱,只有当二者同等存在时,爱才可能达致最好的境界。

家庭

> 家庭未能给人提供原则上应有的慰藉，是这个时代存在普遍不满的根源之一

父母对子女的爱和子女对父母的爱本可以是幸福的巨大源泉，但事实上，在当今社会，父母和子女的关系十有八九是导致双方不幸的原因，绝大多数情况下至少是造成其中一方不幸的原因。家庭未能给人提供原则上应有的慰藉，是这个时代存在普遍不满的根源之一。成年人要想和自己的子女保持快乐的关系，或为他们提供一个幸福的人生，就必须深刻反省为人父母之道，进而采取明智之举。

（当前）父母与子女关系的变化是民主广泛传播的例证之一。父母不再确信自己有惩罚孩子的权利，子女也不再觉得自己必须尊重父母。从前被视作理所当然的服从之美德，现在已变得不合时宜——不过也应该如此。精神分析把受过教育的父母吓得够呛，他们总担心自己会在无意中伤害孩子。如果父母亲吻孩子，

可能让他们产生俄狄浦斯情结；如果不亲吻，又可能令他们产生嫉妒的怒火。如果父母对孩子们发号施令，可能令父母自己有负罪感；但如果不管他们，小孩又容易形成不好的习惯。所以如果父母看到自己的小孩在吃手指，他们会作出各种可怕的推论，唯独不知道该怎样令他停下来。过去的为人父母之道就是成功地行使权力，但现在却变得胆怯、焦虑，充满了良心上的疑惑。过去那种简单的父母之乐也消失了，而且这同时归功于单身女性获得的新自由，做母亲的要比曾经牺牲的更多。在这样的环境下，谨小慎微的母亲对孩子的管教会过少，不负责任的母亲则又对孩子要求过多。谨慎的母亲会压制自己本能的爱并且变得畏缩，不可靠的母亲会在孩子身上寻求补偿自己为此放弃的快乐。前一种情况下孩子的爱是极为缺乏的，后一种情况下孩子又受到过去的刺激。二者都不具有一个家庭在最佳状态下所能提供的单纯、自然的幸福。

父母之爱的幸福

就我个人而言,我认为为人父母的幸福远超我体验过的任何一种其他的快乐。我相信如果环境使得人们放弃这一幸福,就会导致一种深沉的需求得不到满足,而这又会引起许多莫名其妙的不满与倦怠。要想在世上活得快乐,特别是当青春已逝之后,人就必须感到自己不仅仅是时日无多的孤立个体,而是生命洪流的一部分,从最初的细胞涌向遥远的、不可预知的未来。这若是一种用特定术语表达的自觉情感,无疑就是一种高度文明的、智慧的世界观;但若作为一种模糊不清的本能感受,则又是原始而自然的,恰恰与高度的文明相对立。一个人若能成就伟大的事业而名垂后世,可以借助工作获得生命延续的感觉;但对于普通的男女来说,要想获得这种感觉,只能通过繁衍后代来实现。那些任由自身生育冲动萎缩的人,其实已将自己与生命的洪流隔绝,这样做是要冒着生命枯竭的极大风险。除非存在超凡的例外,对于他们来说死亡就意味着一切的结束。身后的世界与他们毫无关系,所以他们会觉得自己的所作所为无足轻重、不用在意。但对于深爱着自己儿女、后代的男女来说，未来是重要的，至少在他们有限的生命里是如此重要。这不光是从道德的角度或某种想象的努力而得出的结论，这是他们自然而然、发自本能的想法。

对孩子来说，父母之爱的价值，在于它比其他任何一种爱都更加可靠这一事实。你的朋友喜欢你是因为你的优点，你的爱人喜欢你是因为你有魅力；一旦你的优点和魅力荡然无存，你的朋友和爱人都可能消失不见。在患难不幸时，父母总是最可以被依靠的，不论是在病中还是在蒙受耻辱时——只要他们是正常的父母。我们都喜欢别人赞美自己的优点，但我们大多数也足够谨慎，对这种赞美心存疑虑。父母爱我们因为我们是他们的孩子，这是不可改变的事实，所以我们对他们要比对其他任何人都更有安全感。在我们顺利得意之际，这一点似乎不那么重要；但当我们潦倒失意之时，它却能带给我们其他任何地方都找不到的安慰与保护。

对孩子的人格予以尊重

做父母的快乐根源于两方面。一则是感觉到自己身体的一部分能够超越死亡而存活下去，并且很可能将来再以同样的方式分出一部分活下去，这样就确保了血脉永存。另一则在于权力和温情的一种紧密结合。新生儿是无助的，所以总有一种想满足他需求的冲动。这一冲动不只满足了父母对于子女的爱，也实现了父母对于子女的权力欲。只要幼儿还是无助无力的，那么施与他的爱就不一定是无私的，因为保护我们脆弱的部分是人的天性。但从孩子很小的时候起，想要掌控的权力和为了儿女好之间就存在冲突。虽然管教小孩某种程度上是天经地义的，但孩子还是应该尽可能尽快在各方面学会独立——这对于父母内心的权力欲并不是一件愉快的事。有些父母从来意识不到这一冲突，一直都很专制，直到子女们起来反抗。另一些父母虽然意识到了这一冲突，却被相互冲突的情感折磨、如履薄冰，他们作为父母的快乐也就没有了。

那种真正把孩子的幸福看得比自己的权力重要的父母，如果足够明智，就不需要精神分析的教材来告诉他们什么该做什么不该做，为人父母的冲动本身就能将他们引上正路。在这种情况下，父母与子女的关系始终是和谐的，子女不会反抗，父母也感觉不到挫败。但这要求父母从一开始就对孩子的人格予以尊重——不能仅仅是出于道德或智力原则上的尊重，必须是来自内心深处某种近乎神秘的确信，占有和压迫都是绝对不可取的。

要想在当今世界充分获得为人父母的喜悦，就必须深刻地体会我所讲的这种对孩子的尊重态度。这样的父母没有要限制权力欲的烦恼，也无须像专制的父母那样孩子一自由就有种苦涩的幻灭。具有这种态度的父母要比充分施展权力的专制父母体验到更多的天伦之乐。因为爱已经用温情净化了所有的专制倾向，它让欢乐变得更加高贵、更加甜蜜，更能将日常生活中的粗糙与平庸升华为金子般的心醉神迷；一个在不稳定的世界中依旧拼命挣扎要保住自己权势地位的人，是无法体会这种情感的。

工作

为什么要工作?

工作究竟是快乐的源泉还是不幸的成因,这实在难以言说。的确存在很多单调乏味的工作,而过量的工作也总是令人痛苦。尽管如此,我认为对于大多数人来说,适量的工作——即使是最无聊的那种——也要比无所事事更好。根据工作的性质和工作者的能力来看,工作是存在各种等级的——从仅仅是为了解闷到具有最深沉快乐的那种。大多数人不得不从事的大多数工作,就其本身而言都是没什么意思的,但即使是这样的工作也具有极大的益处。首先,它能消磨掉一天中的很多时间,而不用让人费心去决定自己究竟该做什么。大多数人即便拥有自行支配的时间和自由决定的权利,也完全不知道什么事能够带来充分的快乐、是值得去做的。因为不论他们决定做什么,都担心也许有其他更快乐的事值得去做。智慧地度过闲暇时光是文明的终极产物，目前看来很少有人能达到这个水平。况且选择本身就令人苦恼。除了那些特别有主见的人，大多数人其实更愿意每天每小时做什么都被人安排好，只要安排的事情不是太糟糕。许多无所事事的有钱人都有一种说不出的无聊，这就好像是他们不用做辛苦的工作而付出的代价。为了缓解这种无聊，他们有时会去非洲打猎，有时坐飞机环游世界，但这样激动人心的机会实在有限，特别是当他们不再年轻之后。因此更加聪明的富人会拼命工作，就好像自己其实是穷人一样，而富有的女人则会用无数琐碎之事令自己保持忙碌，当然她们自己坚信这些事有着无与伦比的重要性。

| 努力工作的益处

所以工作是可取的，首先在于它能免除人的无聊。一个人从事必须而又无趣的工作时感受到的无聊，和他整天无所事事的无聊相比根本不值一哂。工作与此相关的另一个好处是可以让假期变得更加美妙。只要一个人没有被工作搞得精疲力竭，他就很可能在自己的自由时间比一个天天无所事事的人寻获更多的兴致。

大多数有偿工作的第二个好处是它能给人带来成功的可能和实现雄心壮志的机会。大多数工作的成功都是靠收入来衡量的，只要资本主义社会仍然存在，这一点就是不可避免的。但这样一种自然的标准并不适用于那些最好的工作。人想提高收入的欲望和想成功的欲望往往是一致的，因为更高的收入总是能带来更多的舒适。不论工作有多么单调乏味，只要它能成为一种建立声望的手段——无论是世界范围内的或仅仅局限于小圈子里的，就是能被人容忍的。

大多数工作都能给人带来消磨时间以及施展抱负的满足感，凭此就足以让一个有着乏味工作的人比一个完全没有工作的人更加快乐。但如果是令人感兴趣的工作，它就能带来更深沉的满足感而不仅仅是解除沉闷。这些令人感兴趣的工作也许能按照等级来排列。我会从一般有趣的工作讲起，直到那种值得一个伟大的人付出全部精力的工作。

> 最好的工作具备的两大要素：可以运用技能和具有建设性

一个令人感兴趣的工作具备两大要素：第一是可以运用技能，第二是具有建设性。

每个身怀绝技的人总是乐于施展自己的技能，直到它变得不足为奇或自己无法再提高为止。这种行为的动机出现于幼年时期：一个男孩若是能倒立就不情愿好好站着。许多工作带来的乐趣其实和那些需要技巧的游戏所产生的乐趣是一样的。律师和政客的工作有着和打桥牌时一样的乐趣，只不过是以更精致的形式呈现出来的。这里面不仅有技能的运用，还有一个旗鼓相当的对手需要战胜。不过就算这一竞争元素缺失了，单是表演一项有难度的技艺也足够令人愉悦。一个能在飞机上面表演特技的人会觉得这样其乐无穷，即使要冒着生命危险也在所不惜。一个能干的外科医生，即使工作环境恶劣，也能在精确实施手术的过程中获得满足。这样一种快乐也能在很多平凡的工作中获得，只是没有那么强烈。

就幸福而言，最好的工作所具备的另一要素——建设性，可能比运用技能更加重要。虽然不是全部工作都是如此，但有些工作在完成之时，总能留下一些纪念碑似的东西。我们或许可以通过以下标准来区分什么是建设、什么是破坏：在建设之中，刚开始的状态相对混乱，但最终却呈现出一定的目的；破坏的情形恰好相反，事情刚开始是有目的的，但最终却呈现为混乱的状态，也就是说，破坏者的所有意图都是为了让事态没有一个明确的目的。

这一标准适用的最贴切、最明显的例子，就是建筑物的建设与摧毁。建造一栋建筑就是在实施先前定下的计划，而拆除一栋建筑则不需要有人知道拆除后的东西究竟该放哪里。当然，破坏往往也是建设的必要前提，在这种情况下，那它就是整个建设的一部分。但人往往就是喜欢进行破坏性的活动，而不管有没有建设性的后果。他更是会把这一点隐藏起来，让自己相信所做的一切是在破旧立新，但这种借口其实也很容易拆穿——你只要问问他之后到底要建设些什么就可以了。对于这个问题，他的回答一定是闪烁其词、无精打采，但对于前期的破坏工作他一定会讲得眉飞色舞、兴致勃勃。很多好战分子、暴力的信徒都是这样。他们通常不知不觉间就被仇恨吸引：破坏那些他们所憎恨之物才是真正目的，至于破坏之后的问题他们并不会关心。

不过，我不否认破坏的工作中也有乐趣存在：那是一种暴烈的愉悦，或许在瞬间感觉还很强烈，但它缺乏深层次的满足感，因为人在破坏之中很难找到真正的满足。你杀死了你的敌人，当他死时你的任务也就完成了，你从胜利中得到的满足也会很快消散。另一方面，建设性的工作在完成之后仍值得人去思索与品位，况且总有些永未完成的工作，永远值得你继续为它做些什么。最令人满意的工作是为了能够引领你从一个成功走向另一个成功，永无止境也不会中断。就此而言，建设要比破坏带来的幸福更多。

> 一个对自己的工作感到羞愧的人很难获得自尊

当代知识分子之所以感到不幸的一大原因，在于他们中的大多数，特别是那些有文学才华的人，没有机会去独立施展自己的才能。他们只能委身于由平庸市侩主导的有钱公司，被迫做着他们内心深处认为是愚蠢、无意义的事情。

如果你去询问下欧美的记者，他们是否真的相信自己工作的报纸上宣扬的政策，你会发现只有极少数的人才相信，剩下的不过是为了谋生而出卖自己的技能、投身于他们认为有害的事业。这样的工作不可能带来真正的满足，并且在强迫自己接受这份工作的过程中，一个人会令自己变得越来越愤世嫉俗，以至于再也无法在其他任何事情中获得满足。我没法谴责从事这种工作的人，因为丢掉饭碗让自己挨饿的代价实在太大了。但我觉得只要有可能找到一份不令自己挨饿，又满足自身建设性冲动的工作，从个人幸福的角度来看，他就应该选择这份工作而不是那种能带来高收入却不值得去做的事情。真正的幸福离不开自尊，而一个对自己的工作感到羞愧的人很难获得自尊。

建设性工作所带来的满足乍看之下似乎是少数人的特权，但它其实是相当多的少数人享有的特权。任何能在工作中为自己做主的人都会感受到它；任何一个觉得自己的工作有用，且需要相当技能的人，也能享有这一特权。培养令人满意的孩子就是一项充满难度的建设性工作——它也能带来深层次的满足。任何一个完成了此项工作的女人都会觉得，正是因为自己的工作，世界才变得更有价值，否则就不会是这样。

非功利的兴趣

超脱于生活中主要活动的兴趣

这一章我想先将一个人生活中的主要兴趣放在一旁，谈谈那些占据他闲暇时光、帮助他从严肃工作的紧张中缓解的次要兴趣。

在普通人的生活中，一个人所焦虑和深思的重点都围绕着他的家庭、工作、财务状况。即使他有婚外情，他对这段关系可能给自己家庭带来的后果的关心，也远比对这段关系本身的关心更多。这里，我不会把那些与一个人的工作绑定在一起的兴趣当作非功利的兴趣。比如一个科学家，必须时刻关注自己领域内的研究进展，对那些他觉得和自己的事业紧密相关的研究格外热忱、积极关注。但他要是读一些自己领域之外的研究，心情就大不一样了，不用那么专业，也无须时刻想着批判，反而更能做到不偏不倚。即使他也不得不努力思考来跟上作者的叙述，但这种阅读依然是一种放松，因为它并不涉及自身的职责。如果这本书让他感兴趣,那么他的兴趣就是非功利的,这和他关注与自己专业相关的书籍是不一样的。这一章我想谈的就是这种超脱于生活中主要活动的兴趣。

我们为什么要培养非功利的兴趣?

不幸的原因之一就是人因为疲劳和紧张,无法对自己生活利害关系以外的东西产生兴趣。这样的后果就是让有意识的思想被少数特定的事情所占据,而它们又多少包含一些焦虑和担忧的成分。除非是睡着了,否则有意识的思想是绝不会等到潜意识的思想来慢慢地酝酿智慧。这样的结果就是兴奋不已、缺乏远见、暴躁易怒,还会失去分寸。所有这些既是疲惫的原因,也是疲惫的后果。这种恶性循环太容易让人崩溃了。

除了作为消遣的重要性,所有的非功利性兴趣也有着其他方面的作用。首先,它们能帮助人维持一种分寸感。我们太容易沉溺于自己的追求、自己的圈子、自己从事的工作中,以至于忘了这些不过是整个人类活动很小的一部分，世界上有太多太多的事情根本不为我们所动。你也许会问，为什么一个人要记得这些呢？答案有如下几个。第一，我们应该了解这个我们不得不生活其中的世界之真相。我们中的每一个人在这世上生活的时间都不会太长，必须在有限的生命里认识这颗神奇的星球以及它在宇宙中的位置，了解我们应当了解的一切。也许这些知识并不完美，但若我们忽略了求知的机会，就像是走进剧院却不听戏一样。世界上充满了悲喜交加、英勇伟大抑或怪诞离奇之事，那些对诸种令人惊叹的景象毫无兴趣的人，其实是放弃了生活赋予他的特权。

第二，分寸感是非常重要的，有时它能给我们带来安慰。我们都会不自觉地将自己生活于世界上的某一角落，抑或我们生命中的某一瞬间，赋予不恰当的重要性，令自己为此过分地兴奋与紧张。这种对自身重要性的过高估计，以及沉溺其中的兴奋，并无可取之处。的确，它有可能让我们更加努力地工作，但绝不会把我们的工作变得更好。导致美好结果的少量工作要胜过带来糟糕结局的大量工作，但那些艰苦生活的信众可能正好看法相反。那些太关注自己工作的人会容易陷入狂热的危险中——其实就是只记得一两件重要的事，而把其余的一切给忘了。他们甚至还觉得为了追求这一两件事，即使对其他事情造成一些附带的伤害也不要紧。要想预防这种狂热的情绪，最好的办法莫过于对人的生活以及人在宇宙中的位置抱有一个宏大的概念。分寸感在这样一种联系内无疑具有重要的作用，但除此之外它本身也极具价值。

打开心灵的窗户

现代高等教育的一大弊病就是太关注于训练对某一些技能的掌握，而忽略了通过对世界的全面认识来拓宽人的意识与心灵。比如说，你投身于政治斗争之中，为了你自己所属党派的胜利而拼命工作。到这里为止都没什么问题。但在斗争的过程中可能会出现一些胜利的机会，这些机会牵涉到一些方法也许会令世界上出现更多的仇恨、暴力和猜忌。举个例子，你发现获得胜利的最佳途径是去侮辱别的国家。如果你的精神境界只局限于眼前，或者你接受了某种教条宣称效率至上、其他皆不重要，那么你就会采纳这种可疑的办法。这种办法也许能助你实现当下的目标，却会带来长远的灾难性后果。反之，如果你脑海中习以为常地承载着人类的过去，懂得人是如何缓慢而又艰难地从野蛮中走出，明白人存在的全部与宇宙的浩瀚比起来有多么短促——我觉得如果这些想法塑造了你的感受，你自然会意识到你所参与的暂时的争斗，绝对没有重要到要冒着让人类退回黑暗之中的风险。此外，即使你眼下失败了，同一种感受也会支撑着你，让你不愿意为了暂时的失败而去采取什么卑劣的手段。你将会有超越于当前活动的远大而艰巨的目标，身在其中的你并非孤立无援的个体，而是那些引领着人类走向文明的伟大军队中的一员。如果你达到了这个境界，那么不管你个人的命运会如何发展，一种深沉的幸福都会永远伴随着你。你的生命会变成与各个时代伟大之人的交流，而个体的死亡也就成了无足轻重的插曲。

一个人只要曾领略过灵魂的伟大——无论多么短暂、多么简单，他就没法再任由自己沉溺在一己悲欢的天地里，因为微不足道的不幸而烦恼，为命运的安排而担忧——这些不可能再令他感到快乐。拥有伟大灵魂的人会打开自己心灵的窗户，任由宇宙四处的风自由地吹拂。他会正视自己、生命以及世界，如同人之为人的局限所能揭示的那样。他会意识到人的生命是多么的短促与渺小，他也会懂得个体的心灵是已知宇宙中最有价值的东西，他还会明白心灵里映照着整个世界的人在某种程度上和世界一样伟大。从为周遭环境所奴役的恐惧中解脱出来，他体验到一种深沉的喜悦。尽管外在的生活依旧变化无常，但在内心深处他永远是一个幸福的人。

努力与放弃

幸福不是一件容易的事

中庸之道是非常乏味的学说,我还记得自己年轻时曾怀着轻蔑与愤慨拒绝过它,因为那时我崇拜的是英雄式的偏执与极端。然而真理也并非总是有趣的。很多事情被人相信是因为它们令人感兴趣,尽管事实上没有什么证据表明它们值得被人相信。中庸之道是个很恰当的例子:它也许听起来很无聊,但在很多事情上都被证明是真理。

除了极少数的特例,幸福不是一件容易的事,它不像树上成熟的果子仅仅因为环境的幸运就跌落进你嘴里。这也是为什么我把这本书叫作《幸福的征途》[①]。世界上充斥着各种可以避免或不可避免的灾祸,生理的疾病与心理的纠葛,斗争、贫穷以及憎恶,有志于幸福的

---

① 选译自 *The Conquest of Happiness*. London and New York: Routledge Classics, 1930/2006.

男男女女必须找到办法来应对那些困扰着每个人的不幸之诸多原因。在极少数的特例中，幸福是不需要付出努力就能获得的。一个本性宽厚的男人，继承了大笔财产、身体健康、兴趣平常，也许就能非常舒服地过完一生，从来不知烦恼为何物。一个长相姣好、性情懒散的女人，如果碰巧嫁给了一个有钱、宽厚的丈夫，且她也不担心自己婚后的肥胖、小孩子的教育问题，那她就能一直享受这份懒散的舒适。但这些事例都非常少见。大多数人并不富裕；不是每个人生来都有好脾气；很多人都有难以抑制的激情，认为宁静、节制的生活实在无法忍受。健康是一种福气，没人能够确信它会一直存在；婚姻也并不总是欢乐的源泉。

> **幸福是一种成就而非上苍的恩赐**

考虑到这一切，对于大多数男女而言，幸福是一种成就而非上苍的恩赐；在获得这一成就的过程中，外在努力和内在努力都很重要。内在努力或许包括了做出必要放弃的努力，所以在这里我们只考虑外在努力。

任何人，无论男女，只要得为了生活而工

作就需要努力，这点不言自明。

有人会说，只要人天生的欲望还未枯竭，他活在这个世上就会去追求某种权力，这完全是正常而合理的。一个人渴望哪一种权力由他最强烈的激情决定：有人想要控制人们行为的权力，有人想要控制人们思想的权力，还有人想要控制人们感情的权力。有人渴望有权力改变实在的物质环境，而有人则希望通过掌握知识获得一种权力欲。每一种公共事业都包含着对权力的渴望，除非从事这份工作的目的仅仅是通过贪污腐败来发财。一个因目睹人类的不幸而深感痛苦的人，如果他的痛苦是真诚而无私的，那么他也会渴望获得减少不幸的权力。只有对自己的同胞完全漠不关心的人，才会真正不在意权力。因此，有些形式的权力欲应该被视作一些人的基本能力，也只有这些人才能创造出美好的社会。每一种对权力的渴望，只要未遭阻挠，就与努力相关。这对于西方社会好像是老生常谈，但现在很多西方国家提倡正在被东方国家抛弃的"东方智慧"。在他们看来，我们刚才讲的可能都有问题；倘若如此，上面的这些话还是值得一说的。

两种放弃：因绝望而放弃和因无法实现的希望而放弃

不过，在幸福的征途中，放弃也有着自己的作用，且与努力的重要性不相上下。明智之人，虽然不会在可以避免的灾难面前坐以待毙，但不会浪费时间和情感在无法避免的不幸上面；即使不幸是可以避免的，但投入其上的时间和努力如果干扰到了他对更重要目标的追求，他也不会去做。很多人会因为任何一件不顺心的小事而大发雷霆，这样就浪费了许多本可以有效利用的精力。即使是追求真正重要的东西，情感上陷得太深也是不明智的，因为对失败的担心会一直扰乱内心的平静。

在实际工作中，效率和我们投入的感情并不成正比；事实上感情有时候会成为效率的障碍。我们应有的态度是尽自己最大的努力去做，但把结果留给命运来决定。放弃有两种，一则是因为绝望而放弃，这是不可取的；另一则是因为无法实现的希望而放弃，这是可以接受的。一个人若遭受了致命的失败，放弃了全部雄心壮志，或许会懂得什么是绝望的放弃。如果他真是如此，他就会放弃所有严肃的生活，用宗教的言辞或对冥想的追求来掩饰内心的绝望。

但不论他采取何种方法来掩饰内心的失败，他本质上已经是一无是处也就不可能再快乐了。那些因无法征服的希望而放弃之人又是另一回事。无法征服的希望必须是宏大的、无关个人的。无论我采取什么样的行动，我都可能被死亡或者某些疾病打败；我也许会输给我的敌人，也许发现自己已经走上一条不明智的失败之路。不论以何种方式，个人希望的破灭总是不可避免的；但若个人的目标成为人性之宏大希望的一部分，那么失败来临之时人就不会被完全打败。想要做出伟大发现的科学家或许会失败，也可能因为死亡而放弃工作。但如果他深沉的渴望是科学的进步而非个人的功劳，那他就不会感到与那些纯粹出于个人动机的研究者一样的绝望。致力于某项迫切改革的人，会发现自己的努力因为战争的爆发而被搁置一边，他甚至不得不意识到自己所做的一切有生之年都无法实现。但他无需为此陷入完全的绝望，因为他在意的是人类的未来，而不仅仅是自己的参与。

在不同的场合扮演适当的角色

我们一直讨论的案例都是很难做到的放弃，但也有一些放弃是比较容易的。此类情况中，只有次要目标无法兑现，人生的主要目标仍然有成功的希望。比如一个从事重要工作的人，如果他因为婚姻不幸而分心，那就说明他没法作出正确的放弃；如果他的工作确实引人入胜，那他就应该尽全力做好它，不管自己的婚姻是幸还是不幸。

<mark>有些人完全没耐心去处理那些琐碎的烦恼，但这些烦恼其实占据了生活的绝大部分。</mark>误了火车会令他们大发雷霆，晚餐难以下咽也让他们怒不可遏，烟囱漏烟使他们陷入绝望，而洗衣店没有按时送回衣服会使他们想报复整个行业。这些人浪费在琐碎烦恼上的精力，如果运用得当的话，足可以缔造抑或毁灭一个帝国。聪明的人不会去注意女佣没有拂去的灰尘、厨师没有煮好的土豆，以及清洁工没有扫走的烟灰。我不是说如果有时间的话他也不会采取补救措施，而是指他不会带着情绪去处理这些问题。担心、焦躁、愤怒都是没有意义的情绪。那些对这些情绪感受很强的人可能会说自己没法克服它们。我不确定除了之前谈到的从根本上放弃之外，是否还有别的办法能克服这些情

绪。是同样的一种专注，让一个人可以将目光投向伟大的、超越个人的希望，也可以忍受个人工作上的失败以及不幸婚姻中的烦恼，更能令他在误了火车或者在雨伞掉进污泥时保持心平气和。

那些从烦恼之中解放出来的人会发现，生活要比自己以前一直怒气冲冲时快乐得多。曾经那令他无法忍受的熟人的一些小癖好，现在对他来说只是有趣的消遣。当某先生第374次讲述火地岛主教的逸事时，他不再想用自己知道的故事岔开话题，而是记下讲述的次数自娱自乐。当他急急忙忙赶乘早班火车的途中鞋带却断了时，爆几句粗口后他会想到，在宇宙的历史长河中这事真没什么要紧。

天天把自己当成悲剧中的英雄是不明智的。我不是建议一个人要活成喜剧中的丑角，这样的人只会更加恼怒；一个必要的小技巧是在不同的场合扮演适当的角色。当然，如果你能忘了自己什么都不演的话，是再好不过了。但若扮演角色已经成了你的第二天性，那就记住你是在演不同的戏，要避免千篇一律。

幸福之人

> 不幸之人有不幸的执念，幸福之人有幸福的信仰

　　幸福，显然既需要依赖于外部环境，也得靠自身的努力。本书中我们大多关注的是自身努力，而我们也发现就这部分而言，幸福的秘诀其实非常简单。很多人认为如果没有一种深厚的宗教信仰，幸福是很难实现的。很多不幸之人认为自己的悲伤深邃复杂，背后蕴藏着高超的智慧。我不相信这些是幸福或不幸的真正原因，我觉得它们只是表面的征兆而已。

　　一般来说，不幸之人都有不幸的执念，幸福之人都有幸福的信仰；他们或许会将自己的幸与不幸归咎于各自的信念，但真实的原因却恰恰相反。一些特定而简单的事情对于大多数人的幸福来讲是必不可少的：食物和居所、健康与爱情、成功的工作、他人的尊敬。对于有些人来说为人父母也是幸福不可或缺的要素。只有极少数人在缺失了这些东西的情况下还能

获得幸福；但如果一个人已经享有或通过正确的努力获得了这一切，他仍旧不快乐的话就是心理失调，严重的话就需要去看心理医生了。不过，在通常情况下，只要他能正确地为人处世，病人还是能自己痊愈的。

> 幸福之人以一种客观的态度生活，他具有自由的爱意和广泛的兴趣

只要外部环境并非绝对不幸，一个人要想获得幸福，就应该把自己的激情和兴趣投向外界而非专注于内心。因此，我们在接受教育、适应社会的过程中，应该努力避免以自我为中心，学习那些令我们不会沉迷于自身的情感和兴趣。大多数人都不可能在监狱里感到快乐，而那些将自我封闭的激情正是在建造一座最坏的监狱。这些激情中最常见的有恐惧、嫉妒、负罪感、自怜和自恋。在其中我们的欲望都只专注于自身：对外在世界没有真正的兴趣，仅剩的一点关注是担心它会以某种方式伤害我们，或无法满足我们的自我。恐惧是首要的原因，令人们不愿承认事实，急迫地想让自己转进神话编织的暖和外套里。然而荆棘会刺破暖和的外套，寒风会从裂缝中灌入，习惯了温暖的人

要比那些从一开始就磨炼自己不畏严寒的人遭受更多的苦。而且自欺之人通常心里都清楚这一点，所以他们总是提心吊胆，害怕某些不幸的事件强迫他们去面对不愿接受的现实。

以自我为中心的激情所带来的一大弊端就是让生活丧失了多元性。一个只爱自己的人，当然不能说他在情感上是混乱不专的，但最终他会因自己所爱对象的单一不变而陷入无法忍受的厌倦。一个为负罪感而折磨的人其实是因为一种特殊的自恋而受苦。整个浩瀚宇宙的一切事情对他而言，都没有自身品德高尚重要。传统宗教在某些方面具有的一个重大缺陷就是他们鼓励这种特殊的自我沉溺。

幸福之人以一种客观的态度生活，他具有自由的爱意和广泛的兴趣。这些爱意和兴趣一方面保障了他的幸福，另一方面又使他成为其他人感兴趣和喜爱的对象。能被人爱是获得幸福的重要源泉，但一个只会索取爱的人并不会被赋予爱。通常而言，能获得爱的人正是能给予爱的人。但想要用借钱收息的那种方法去计算它是没有用的，因为算计的爱不是真爱，得到这种爱的人也会不以为然。

> **真正客观的兴趣只有当你不再沉浸于自我之后才会逐渐形成**

那一个封闭在自我之内的不幸之人能做些什么呢？只要他还在纠缠自己不快乐的原因，那他就仍是在以自我为中心，也就走不出这一恶性循环。如果他终能踏出去，一定是因为有了真正的兴趣——绝非那种仅仅为了医好自己而装出来的兴趣。尽管困难是真实存在的，但如果他能对自己的问题做出合理的诊断，也还是可以有所作为的。

比方说，如果他的烦恼源于有意或无意的负罪感，那他首先应说服自己有意识的大脑没有任何理由要觉得自己有罪，其次他可以用一些我们之前讨论过的技巧，把这一理性的确证植入自己的无意识中，同时让自己关注一些中立的活动。如果他成功地驱散了自身的负罪感，那么真正客观的兴趣也会自发地唤起。如果他的问题是自伤自怜，那他可以在说服自己周围并没有什么特别的不幸后，用同样的方法来处理。如果他的麻烦是恐惧，那就有针对性地锻炼自己变得勇敢。战争中的勇敢从很久以前就被视作一种重要美德，有很多针对男孩和青年男子的训练就是为了培养他们在战斗中无所畏惧的品格。相比起来，道德和智力上的勇敢被研究得不够多，但它们也有自己的训练技巧。让自己每天至少面对一个痛苦的事实，你会发现这和军训的日常锻炼一样有效。要让自己明白，即使和你所有的朋友相比，在道德或者智力方面你都不是最好的那一个——当然是这样，生活依然值得去过。持续这样的练习几年，你就最终能够坦然地面对事实，也就能从大部分恐惧中解放出来。

只有当你克服了自我沉溺的毛病后，客观的兴趣才会随着你的天性和外在环境而自发地出现。不要先跟自己说"如果我沉迷于集邮我就应该会快乐"，然后就着手集邮。这样你可能会觉得集邮一点都不有趣。只有真正的兴趣才会对你有用，但你要知道，真正客观的兴趣只有当你不再沉浸于自我之后才会逐渐形成。

把激情和兴趣投向外界

快乐的生活很大程度上和美好的生活是一样的。职业道德学家太过强调自制克己，这样就弄错了重点。有意识的自制会让一个人自我沉溺，并且让他清楚地意识到自己做出的牺牲；这样就导致眼前的目标经常无法达成，而终极的目标更是无法实现。我们需要的不是克己、自制，而是一种面向外界的兴趣。它能够让人自发而自然地做出某些举动，这是那些沉迷于修养心性的人唯有通过有意识的克己才能做到的。

　　我所提倡的生活态度与传统道德学家鼓吹的态度还有一点细微的差别。比如传统道德学家会说，爱情应该是无私的。某种程度上他们是对的，超出一定限度的爱情当然不该是自私的。但毋庸置疑，爱情也有自私的一面，这样才能让一个人因为爱情的成功而感到幸福。如果一个男人向一位女士求婚是因为他诚挚地希望她能幸福，但同时这对他来说意味着一种自我牺牲，那我很怀疑这位女士是否完全乐意。

　　毫无疑问，我们应该希望所爱之人获得幸福，但这并不能代替我们自己的幸福。事实上，只要我们对自身之外的人或物有了真正的兴趣，那么克己教条中暗示的自我与外界的整个对立也会随之消失。借助这些兴趣，一个人能感到自己成为生命之流的一部分，而不再是像台球那样坚硬、孤立的实体，与其他实体除了撞击之外就再没别的关系。所有的不幸都源于某种分裂或不完整，意识和潜意识之间缺乏协调就会产生自我的分裂，自我和社会未能因客观的兴趣和情感联结在一起则会导致不完整。幸福之人经受这些分裂或不完整的痛苦，他的人格用不着分裂去对抗自我抑或对抗世界。这样的人会认为自己是宇宙的公民，自由地享受世间的大千景象和欢乐；他也不会一想到死亡就烦恼不堪，因为他并不觉得自己真的会与后世来者相分离。在这种生命之流的深沉、天然的结合中，人会获得最伟大的欢乐。

II

我的信念

美好的生活

> 美好的生活是为爱所鼓舞，且为知识所引导的

不同时代的人们对于什么是美好的生活众说纷纭。某种程度上，他们的分歧都是经得起论证的；因为他们都是为了实现一个共同的目的，至于采取什么方法则存在争议，但毕竟殊途同归。有人认为监狱是防止犯罪的好办法，而另一些人则认为教育的手段更好。这一类的争执是可以借助充分的证据来进行判定的。但有些分歧就没办法这样解决。托尔斯泰谴责所有的战争，而另一些人则相信为了正当理由而英勇作战的士兵是高尚的。这里面可能牵涉到目的上的真正差异。那些赞颂士兵的人会把惩罚罪人本身当作一件善行，托尔斯泰则不这么看。这样的事情就没办法进行论证。因此，我无法证明我对于美好生活的观点是正确的；我所能做的只是陈述自己的见解，并希望尽可能多的人赞同。我的观点是：

美好的生活是为爱所鼓舞，且为知识所引导的。

知识和爱都是无限扩展的，所以无论生活有多么好，我们总是能想象一个更美好的生活。没有知识引导的爱，或没有爱所支撑的知识，均无法给人带来美好的生活。在中世纪，当一个国家发生了瘟疫，神职人员会呼吁人们聚集在教堂里，祈求上帝的拯救；结果就是传染病在大量拥挤的祈求者中更加急速地蔓延。这就是没有知识引导的爱的例子。不久前的战争（第一次世界大战）则为我们解释了什么是没有爱支撑的知识。不论哪种情况，最终都是大规模的死亡。

尽管爱和知识都是必要的，但爱在某种意义上更为根本，因为它引导有智力的人去寻求知识是为了让他们的所爱之人因此受益。倘若人们的智识不够，他们就会满足于相信自己被灌输的东西，即使拥有最真诚的慈爱之心也有可能对他人造成伤害。这方面最好的例子我觉得是医学。对于一个病人来说，一个称职的医生要比最亲密的朋友更有用；医学知识方面的进步要比盲目的慈善对社会的健康事业贡献更大。虽然如此，一份善心仍然是必不可少的，否则科学发现只是给富人增加财富罢了。

爱是一种游走于两极之间的情感

"爱"这个字涵盖了很多种感情，我用它的目的就是希望把所有这些囊括在内。爱是一种游走于两极之间的情感——这是我所谓的爱，那些"原则上的爱"在我看来都不是真的爱：一边是沉思中的单纯欢乐，另一边则是纯粹的仁慈。当涉及没有生命的对象时，我们只会感受到单纯的欢乐；我们没法在一片风景或一首奏鸣曲中发现仁慈。这种类型的愉悦大概就是艺术的来源。通常说来，年轻孩子对它的感受要比大人更强烈，因为后者只会用功利主义的眼光去审视对象。它在我们对人的情感中也有很大影响，比如当我们认为有的人很有魅力另一些则相反时，就是仅仅把他们当作审美沉思的对象。

爱的另一极是纯粹的仁慈。人们会牺牲自己的性命去救助麻风病人，在这种情况下他们感受到的爱不可能有任何审美愉悦的成分。一般说来，父母之爱总是伴随着拥有孩子的愉悦，但即使这一因素完全消失了,这种爱依然非常强烈。把母亲投在病弱孩子身上的关注称为"仁慈"可能会有点奇怪,因为我们习惯于拿这个词汇去描述几乎都是谎话的苍白情感。但我们也很难找到另一个词来形容这种想让另一个人幸福的欲望。事实上,这种类型的欲望多少都能和父母之爱对应,只是在程度上存在差异。在其他的情境中,它可能远没有这么强烈;诚然,所有利他主义的情感看起来都像是这种父母之爱的充溢,有时则是对它的升华。比如想要一个更美好的世界,这样的情感就是"仁慈"。但我要澄清,我谈论的是情感而非原则,所以我不会把和这个词偶尔联系在一起的任何优越感包含进来。"同情"这个词表达了我的部分意思,但遗漏了我想加进去的主动因素。

> **我们渴望爱意是因为不愿孤独**

只有当欢乐与祝福这两个因素牢不可破地结合在一起,最完满的爱才会出现。没有祝福的欢乐可能变得很残忍;丧失快乐的祝福则容易令人冷漠,甚至有点优越感。一个渴望被爱的人就是在渴望成为这两种因素结合在一起的爱之对象，除了那些非常弱势的情况——比如婴儿和重病之人。对于他们，渴望的一切或许就是别人施与的仁慈。相反，在那些极端强势的例子中，人们更渴望被崇拜而不是被仁慈对待——统治者和美丽的交际花一般都是这个心态。我们只有在感到自己需要帮助，或者危险迫近时才渴望别人给予相称的美好祝福。至少，这就是上述情境展现出的生物学逻辑，但生活并非如此。我们渴望爱意是因为不想感到孤独，是为了——就像我们常说的——"被人理解"。这不仅仅是仁慈，还涉及同情的问题；那个令我们接受爱意的人，不能只是希望我们好，还必须知道我们的幸福是什么。但这就涉及美好生活的另一个要素——知识。

最好的爱之中一定有欢乐的成分

在一个完美的世界，有情众生都希望成为彼此完满之爱的对象，欢乐、仁慈还有理解密不可分地交织在一起。但这并不是说，在一个真实的世界，我们应该试图对自己遇到的每一个人都具有上述所有情感。有很多人无法令我们感到快乐，因为他们确实讨厌；如果我们违背自己的天性想在他们身上发现美，那结果只能是把自己变得愚钝，对本来能自然发现的美丽事物不再敏感。不要说人类了，这世界上还存在跳蚤、臭虫和虱子。我们也许只有像古代的船员那样经历长时间的压抑，才能在对这些生物的沉思中找到快乐。当然，有些圣人会把这些称作"上帝的珍珠"，但并非他们真的在跳蚤、臭虫和虱子身上找到了快乐，而是又有展示自己圣洁的机会罢了。

仁慈更容易去广泛扩展，但它也有自己的限度。比如，一个男人想向一位女士求婚，如果还有另外一个男人也想迎娶这位女士的话，我们不会认为他应该就此放手，而是进行一场公平的竞争。然而他对待竞争对手的感情不可能完全是仁慈的。我认为在对美好生活的全部描述中必须含有一定的动物本能和活力；如果丧失了这些，生活只会变得平淡乏味。文明应该是将一些别的东西赋予这些本能，而不是替代它；那些禁欲、超然的圣人认为这些令人无法实现自身的圆满。几个这样的圣人可能会令一个社会丰富多彩，但一个由这些人组成的世界肯定会无聊得要死。

这些思虑让我们必须强调，在最好的爱之中一定有欢乐的成分。在真实的世界中，快乐无可避免是有选择性的，我们不可能对所有人都怀有同样的感情。一旦欢乐和仁慈起了冲突，必须通过折中的方法来决定，切不可向任何一极完全屈服。本能有自己的权利，只要我们强行违背它超过一定程度，它就会以巧妙的方式报复我们。因此，志在美好生活的人必须牢记人之为人所可能达到的限度。这样，我们又再次回到了知识的必要性上。

想要的目的与应该想要的目的

我所谓作为美好生活之要素的知识，不是指伦理知识，而是科学以及具体事实的知识。严格说来，我根本不认为存在什么伦理知识。如果我们想要实现某一目的，知识会告诉我们相应的方法，这样的知识会被宽泛地视作伦理的一部分。但除了参考其相应的后果外，我不认为我们能决定什么样的行为是对的、什么样的行为是错的。如果存在一个可以达成的目标，研究如何去达成它是科学的任务。所有的道德规则都应该被检测一下看它们是否意识到什么才是我们渴望实现的目的。我说的是我们想要的目的，而不是我们应该想要的目的——这只不过是其他人加诸在我们身上的想法。

通常总是些有权力的人想要我们去渴望些什么，比如父母、老师、警察、法官。如果你对我说"你应该做这或做那"，你评论的动力在于我的欲望要经过你的批准——可能还有和你的赞同与反对相匹配的奖赏及惩罚。既然所有的行为都源于欲望，那么很明显，如果伦理概念不能影响欲望的话，它们就一无是处。而它们正是通过人们想要被赞同，或者害怕被拒绝的欲望来进行运作的。总存在着非常强大的社会势力，如果我们想要实现任何的社会目标，就只能竭力把他们争取到我们这边来。所谓"一种行为是否符合道德标准，要根据它可能的后果来判定"，就是指，如果一种行为有可能实现我们都渴望的社会目标，我们就予以赞同，对与其相反的行为就表示反对。目前这项事业还未完成，有一些根据赞同和反对来制订的传统规则完全不顾相应的后果。

没有任何道德标准能存在于人类的欲望之外

在一些简单的事例中，道德理论都显得非常多余。假设你的孩子病了。爱令你想要去治好他，而科学告诉你如何去做。这中间可没有什么道德理论环节来证明一下你的孩子应该被救治。你的行为直接源自针对某一目标的欲望，连同有关实现方法的知识。这对于一切行为都同样适用，无论好坏。

倘若目的不同，具体情形对于知识的需求程度也会各异。但并不存在一种可行的方法让人们去做他们不想做的事情。唯一能做的是用一种赏罚体系来改变人们的欲望，而在这一体系中，社会的认同和反对依然是有效力的。因此，对于参与到立法环节的伦理学家们来说，问题在于：我们要如何安排这一赏罚体系，来确保最大程度实现立法机关的意图？如果我说立法机关也怀有不好的欲望，那仅仅是指它想要做的与我所属的社会群体存在冲突。没有任何道德标准能存在于人类的欲望之外。

因此，把伦理学和科学区别开来的不是任何一种特殊的知识，而仅仅是人的欲望。伦理学要求的知识和其他任何知识并无二致；特别之处在于它对某些目标存在要求，任何有助于此的行为就都被视作正确的。当然，如果正确行为的定义意味着去广泛呼吁，那么所定的目标必然符合大多数人们的愿望。如果我把正确的行为界定为那些增加我个人收益的行为，读者们当然不会同意。任何一种道德论证的完整效力都有赖于其科学成分，比如通过举证，说明某一种行为才能帮助我们实现广泛期望的目标，而其他的什么行为不能。不过我也对道德论证和道德教育进行了区分。后者是一种完全不同的进程，它主要是强化我们的某些要求并弱化我们其他的欲望。

现在，我们能更直接地解释本章开头定义美好生活的意图。当我说美好的生活是由爱所构成、由知识所引导时，激发我的愿望和这种渴望是一致的：尽可能去过一种以上所论证的生活，同时看到其他人也是这样过的。这背后的逻辑是：相较于更缺少爱或更缺少知识的社会，由这种生活方式构筑的社会，才能满足人们更多的欲望。我不认为这样的生活就是所谓"有道德的"，或是与"有罪的生活"相对立，因为这些概念在我看来根本不具备任何科学的理由。

科学与幸福

规范人行为的方式

道德学家们的目的是规范人的行为。这是一个值得赞赏的追求,因为人们的大部分行为着实恶劣。但我无法赞赏道德学家们渴望做出的特定改善,以及他们为此采取的方法。他们的方法表面看起来是道德说教,但真正的手段(如果他是一个正统道学家的话)却是一种经济上的奖罚体系。前者产生不了长久或重要的效果;从萨佛纳罗拉[①]开始到现在,那些追求禁欲、提倡严苛的复古派永远只有一时的影响。而后者——奖励与惩罚的效果则十分显著。举例来说,它们令一个男人更愿意去进行随机的性交易而非拥有一个长期的情妇,因为既然要做这档事,那就有必要采取最不容易被人发现

---

① 萨佛纳罗拉:意大利道明会修士,1494年至1498年担任佛罗伦萨的精神和世俗领袖,文艺复兴艺术和哲学的反对者。

的方法。这样反而使从事一门危险职业的人数保持稳定，也导致了性病的普遍传播。这些当然不是道德学家们想要的目的，但因为自身缺乏科学知识，以至于意识不到这恰恰就是他们实际达成的后果。那是否有更好地方案来代替这一不科学的说教与贿赂体系呢？我认为是有的。

一个人的行为会对别人造成伤害，或者是出于无知，或者是出于恶劣的意图。从社会性的观点看，"恶劣"的意图可以定义为对他人欲望的阻碍，或更准确点，是它们阻碍的欲望要比它们协助的欲望更多。没有必要去纠缠那些出于无知造成的伤害；它所需要的全部就是更多的知识，因而改善途径在于投入更多的研究和教育。但出于恶劣意图而造成的伤害就比较难解决。

人性中主动的恶意

普通男女身上都怀有一定程度的恶意，这既包括对具体敌人的憎恨也涉及对别人的遭遇幸灾乐祸。我们习惯于用漂亮的词语将这些包装起来，大约一半的传统道德都是在为其遮掩。

但如果道德学家们真想要改善人们的行为，就必须面对这一事实。人性的这种恶意有很多种，以或大或小的方式表现出来：比如，喜欢在别人背后说三道四，热衷于流言蜚语；比如，主张残酷地惩罚罪犯，即使有清楚的证据表明更人性化的对待能收到更好的改造效果；比如，白种人在对待黑人时令人难以置信的野蛮；以及在战争时年长的妇女和牧师却要求年轻人尽义务上战场，等等。即使是孩子也有可能被残忍对待：虽然《大卫·科波菲尔》和《雾都孤儿》那样的小说当然是杜撰的。这种主动的恶意是人性中最糟糕的成分，如果想让世界上有更多快乐，它就一定需要被改变。也许由人性的恶意引发的战争，要比经济和政治原因导致的加起来更多。

恶意源自内心的恐惧

那么我们应该怎样防止这种恶意呢？首先，我们要弄明白它的成因。我认为部分是社会的，部分是个人心理上的。现在的世界就像过去任何时代一样，建立在生死攸关的竞争之上；这个问题在战时表现为是该让德军还是盟军死于饥饿和匮乏。（除非是对两边都抱有恨意，否则没什么理由不能让双方都活下来。）大多数人内心深处都被毁灭的恐惧所缠绕，特别是对那些有孩子的人来说。富人害怕自己的财富被布尔什维克没收充公，穷人害怕丢掉自己的工作或者健康。每个人都疯狂地追求"安全感"，并且设想只有征服了潜在的敌人才能得到它。在恐慌的时刻，残忍会变得更为普遍而暴烈。世界各地都有诉诸人们恐惧情感的反动分子：在英国是对布尔什维克主义的恐惧，在法国是对德国的恐惧，而在德国又是对法国的恐惧。他们要求的唯一后果就是增加了那些他们本想预防的危险。

消除恐惧的方式 | 因此，一个科学的伦理学者，首要任务就是要去和恐惧斗争。斗争方法有两种：通过增强安全感或通过培养勇气。我所说的恐惧是一种非理性情感，而不是理智对可能灾难的预见。当剧院着火时，理性的人和万分恐慌的人对于灾难的预见都是同样清楚的，但前者会采取减少灾害的措施，而后者的恐慌只会使灾害扩大。

1914年后的欧洲就像是一个在失火了的剧院里惊慌失措的观众，他需要的是镇静而权威的指示告诉他如何安全逃生且避免发生踩踏。维多利亚时代，尽管也有诸多缺点，却是一个急速进步的时代，因为人们是被希望而非恐惧占据。如果我们想重新拥有进步，就必须再次让希望主导我们的内心。

所有能增强普遍安全性的东西都有助于消减残忍。比如避免战争——不论是通过国家联盟的干预还是别的什么途径，解决贫穷问题，通过提高医学、卫生、环境的水平来改善健康，以及所有一切能减少人内心深处像噩梦般的恐惧之方法。但若想通过牺牲一部分人的安全来确保另一部分人的安全，这也是行不通的：比如，法国人以牺牲德国人为代价，资本家以牺牲工人为代价，白种人以牺牲黄种人为代价，诸如此类。这种方法只会增加支配群体的恐惧，至少憎恨会引导被压迫的群体挺身反抗。所以只有正义才能给予每个人真正的安全；在我看来，正义就是对人人平等这一主张的承认。

除了社会变革带来的安全外，还有另一种更直接的办法来消灭恐惧，就是通过修养身心来提高我们的勇气。由于勇气在战斗时非常重要，人们很早就发现了可以用教育和饮食的办法来增加勇气——比如，吃敌人的肉曾被认为是有效的。但军事上的勇气向来是统治阶层的特权：斯巴达人比他们的奴隶有勇气，英国殖民官员比印度民众有勇气，男人比女人有勇气，诸如此类。在过去的几个世纪，勇气都被视作贵族的特权。每次统治阶层勇气的提升都是用来增加被压迫者的负担，因此也让压迫者有更多的理由感到恐惧，残忍的原因也就未被消除。勇气必须先是民主的，然后才能是人道的。

> 有勇气去控制内心惊恐或是愤怒的冲动

最近发生的一系列事件很大程度上已经将勇气大众化了。参政妇女展示出和最英勇的男人一样的勇气，这是令她们获得投票权的关键。战时的普通士兵需要和上尉、中尉一样的勇气——肯定要比将军勇敢，这和他们复员后不会卑躬屈膝有很大关系。布尔什维克声称自己是普罗大众的战士，不管别的方面如何，他们绝对不缺少勇气；这点已经被他们革命之前的历史所证明。在日本，之前被钟情于武术的武士们所独占的勇气，由于征兵制度的需要也传染给了普通的男性。所以在过去的半个世纪，所有的大国都致力于将勇气从贵族阶层的垄断中解放出来：如果不是这样的话，今日民主的危机会更加严峻。

但战斗的勇气仅仅只是勇气的一种，也许还算不上最重要的那种。这世上还存在着面对贫穷的勇气、面对嘲笑的勇气，以及面对人们恶意的勇气。不幸的是，即使是最勇敢的士兵也通常缺乏这些勇气。当然，最重要的还是在面对危险时有勇气去冷静、理性地思考，有勇气去控制内心惊恐或是愤怒的冲动。这些完全是可以通过教育来获得的。如果身体健康、体格强壮、营养充分，还能为补充活力而自由地玩耍，那么任何一种勇气的教育都能更容易地完成。

嫉妒——产生恶意的另一种方式

恶意的来源不是只有恐惧，嫉妒和失望也有份参与。谚语里经常说瘸子和驼背对正常人的嫉妒导致怨恨，但其他形式的不幸也有类似结果。不论男女，一个性欲受挫的人总是充满了嫉妒；这一般表现为以道德说教的形式去谴责那些更幸运的人。革命运动的一大动力就是对富人的嫉妒。争风吃醋也是一种特别的嫉妒——对爱的嫉妒。老年人经常嫉妒年轻人，这个时候他们对待年轻人就会很残酷。

据我所知，只有让嫉妒者的生活变得愉快和充实，在年轻人中推广合作进取而非个人竞争，除此之外没有别的办法能解决嫉妒。最糟糕的嫉妒往往来自那些在婚姻、家庭以及职业上有所缺失的人。这样的不幸大多数可以通过更好的社会制度来避免。即使这样，还是得承认人的心中总会有一点嫉妒残存。历史上有很多相互嫉妒的将军，以至于他们宁愿同侪打败仗，也不想别人战功卓著。同一政党的两个政客，或者同一流派的两个艺术家，彼此之间几乎多少都有些嫉妒。这样的情况下，只有尽可能地确保每一个竞争者都无法伤害其他人，且只能通过自己的优秀实力来获胜。通常，艺术家对同行的嫉妒几乎没什么危害，因为只要他无法摧毁对手的画作，那么放纵嫉妒之情唯一有效的办法就是创做出更好地作品。当嫉妒不可避免的时候，我们必须把它当作对一个人自己努力的激励，而不是阻碍对手努力的诱因。

科学的创造力

科学为人类增加幸福的可能性不能只局限于对人性的压抑和削弱上，这样的话只会是两败俱伤。但科学在创造积极卓越之物方面可能是没有止境的。健康已经得到了极大的改善；尽管存在一些美化过去的哀叹之声，但我们其实比18世纪任何一种阶层、任何一个国家的人都疾病更少、活得更久。如果我们把已知的一些知识真正应用到实践中，我们或许可以比现在生活得更加健康。而未来的各种发现很可能显著地加速这一进程。

只要人们能明智地运用科学，那么在创造一个美好世界方面就几乎不会有限制。我在别的地方表达过我的忧虑——人类或许不会聪明地使用从科学中获得的力量。但现在我关心的是如果人们愿意，他们确实可以用科学来创造美好，而不是他们是否会选择拿科学来作恶，那是另一个问题。

自然的信徒

有些人对科学在人类生活中的应用持保留的态度，尽管在上述分析中我并不赞同，但也对它非常同情。这种态度就是害怕一切"不自然"的东西。当然，卢梭是这一观念在欧洲的伟大倡导者。而在亚洲，老子早在2400年前就以更有说服力的方式陈述过这一思想。我认为这种对"自然"的崇拜之中混杂着真理和谬误，必须把它们区分出来。首先的问题是，什么才是"自然的"？粗略地说，大概就是一个人在童年时期习惯的所有事情。老子反对马路、马车和舟船，大概这些东西在他出生的村庄很少见到。而卢梭已经习惯于这些事物，所以他不会把它们当作违反自然的。但如果他能活着看到铁路的诞生，毫无疑问会对其大加指责。大多数自然的信徒，因为衣服和食物这两样都太古老了所以没什么好说的，但他们都会反对任何时髦的着装或者新奇的料理。避孕在那些能够忍受单身的人看来是邪恶的，仅仅因为前者是一种违反自然的新的方法，而后者更加古老。那些赞颂"自然"的人在谈论这些事时都是前后矛盾的，所以很容易被当成不过是一群保守主义者。

尽管如此，他们也还是有一些道理。比如维生素的发现，使得人们的态度都转为支持天然的食物。不过，维生素也是可以通过鱼肝油和照射电光等来补充的，这些当然不是人类"天然"饮食的一部分。这个例子说明，因为缺乏相应的知识，每次对自然作出新的违背就可能招致意想不到的损害；但一旦弄清楚了这些损害，大都可以通过人工的方式进行补救。至于涉及我们的自然环境以及满足自身欲望的物理手段，只要一些新的便利能被采纳，"自然"的教条除了刚开始的审慎外绝对不会提出任何反对。比如穿衣服，就是违反自然的，而要想不滋生病菌还得经常换洗，这也是不自然的活动。但这两种做法加在一起能让一个人比不会洗衣、赤身裸体的野蛮人健康得多。

> **一切能满足普通人欲望的人造物都是好的**

对于人的"自然"欲望，可说的就更多了。不论是男人、女人还是孩子，若是强迫他们一生都活在压抑自己强烈冲动之中，这既残忍又危险；这样看来，一种遵循"自然"的生活还是值得的，但要有一些附加条件。没什么比地铁更算人造的了，但当孩子第一次乘坐它时并不觉得这违反了天性；反而大多数小孩都觉得乘坐地铁的体验非常愉快。在其他条件不变的情况下，一切能满足普通人欲望的人造物都是好的。但若被政权或经济因素强迫去过一种不自然的生活，就不是那么一回事了。这样一种生活方式某种程度上对于现在的世界是必须的；如果没有司炉员去看护蒸汽机，越洋旅行或许极难实现。但这种阶级、工作的必要性是令人遗憾的，我们应该找寻办法尽量避免。

一定程度的工作量并不会招致抱怨；事实上，十有八九会让一个人比无所事事更加快乐。但现今世界上大多数人不得不从事的工作，不论是在时间上还是在性质上，都是一种极大的折磨；特别糟糕的是他们一辈子都要被其束缚。

生活不应该被规定得太严，也不要太有目的性；只要有可能就应该让我们的冲动得到释放——只要不是毁灭性的或对他人造成伤害的；生活理应给冒险留出位置。我们应该尊重人的天性，因为我们的幸福就是建立在自身冲动和欲望之上的。给人一些抽象的"好处"或者"善行"都是没用的；如果我们真想增加人们的幸福，就必须给他们需要的或渴望的东西。科学迟早会找到调整我们欲望的方法，会让人与人之间的冲突不至于像现在这般激烈；而那时我们也能够比现在满足更多的欲望。唯有在这层意义上，我们的欲望才能够变得"更好"。单一的欲望无所谓更好或更差——因为没有比较；但一组欲望比另一组欲望更好是因为前者能被同时满足，而后者内部却相互矛盾。这就是为什么爱要比恨更好。

科学的未来

尊重物理性质是愚蠢的；我们应该尽可能研究它确保其为人类的目的而服务，但这在伦理上也无所谓善恶之分。在物理性质和人的天性相互作用的地方，比如人口问题上，我们完全没必要双手合十,被动地接受战争、瘟疫、饥荒才是解决过度生育的唯一可能办法。神职人员会认为:在这个问题上,运用科学以物理的方式去解决是邪恶的;我们必须推广道德,让人们节制自己的欲望。当然实际上包括神职人员在内都知道不会有人采纳他们的建议。但为什么用物理的方法避孕来解决人口问题会被认为是邪恶的呢?除了对那些古老教条的迷信外根本没有别的答案。而且很明显的是,神职人员的建议在对天性的违抗方面,和生育控制根本没多大差别。他们偏向违背人性的选择,而一旦成功实行就会引起不幸、嫉妒、迫害,还有疯狂。我则认为不如去反抗物性的自然,这和当初发明蒸汽机,甚至和人们开始使用雨伞是一样的事。这个例子说明了那些要求我们遵循"自然"的原则在实际运用中是多么的模糊和不确定。

  自然,甚至人的天性,随着越来越多的科学应用对其施加影响,它也越来越不可能再是一个绝对静止的基准。如果我们希望的话,科学完全能够造福我们的子孙后代,通过给予他们知识、自控以及和谐互助的性格。但现在科学教给我们孩子的却是彼此杀戮，因为许多以科学为业的人宁愿为了一时的成功而牺牲人类的未来。当人们能够像掌握自然界的物理外力一样控制自己的情绪时，这一阶段就会过去。而唯有那时我们才能迎来真正的自由。

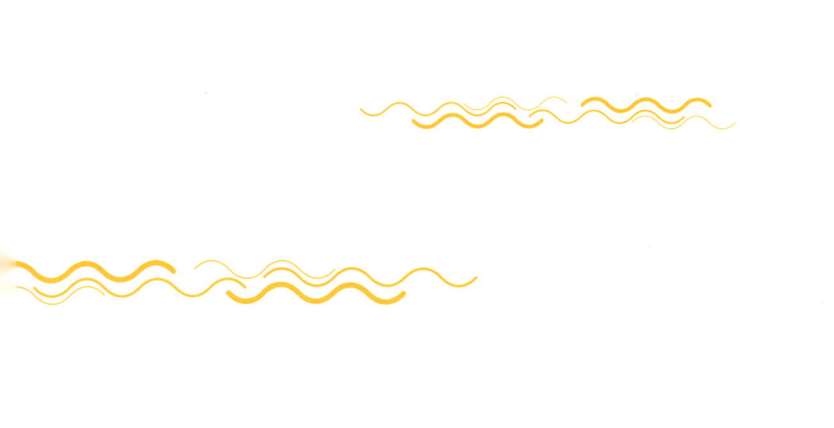

III

怀疑论文集

梦想与事实

哲学提供的慰藉让我们相信表面的冲突之下总有和谐

人类个体和集体的梦或许只是滑稽,但它们合起来的人类之梦,对于我们这些无法踏出人之限度者来说,多少有点可悲。天文学家向我们揭示了宇宙是多么浩瀚。望远镜之后还有多少东西我们不得而知,但我们能确定那是不可想象的无限。在看得见的世界里,银河是一块微小的碎片;在这碎片上,有着微若尘埃的太阳系,而我们的星球就像是上面更为微小的一个点。在这个点上,充满了微小但有着复杂结构组成的碳水化合物,同时具备某些特殊的物理、化学特征,他们起先在地上缓慢爬行个几年,直到最终再次分解为构成他们的元素。他们将自己的时间划分为推迟自己分解时刻到来的劳动时间,以及加快其他同类分解的疯狂斗争。周期性的自然运动会摧毁他们中的成千上万人,但过早到来的疾病带走的人数更多。

这些事件被视作不幸；但当人用自己的努力成功引起类似的毁灭时，他们却兴高采烈，感谢上帝。在太阳系的生命中，人存在的可能期限与整体相比是非常短暂的；但出于某种原因，人们希望在这期限到来之前就给自身存在提前画上句号——通过在互相毁灭方面坚持不懈的努力。这就是从外部观看到的人类的生活。

但我们被教育，这样一种人生观是不可忍受的，而且它会摧毁人之存在所需的自然能量。于是我们找到了逃避的方法，即宗教和哲学。无论外部的世界看起来是多么怪异和冷漠，宗教和哲学提供的慰藉让我们相信表面的冲突之下总有和谐。所有这一切从原先认为星云才是指引，慢慢发展到认为人才是整个进程的顶点。

> 当我们想到人类时，都首先是想到自己作为人类的代表

《哈姆雷特》是部著名的戏，但很少有读者会记得里面饰演路人水手的角色，他只有一句四个字的台词："God bless you, sir."（"上帝保佑你，先生。"）但让我们设想一个社会，所有人一辈子要干的正事就是演出这一幕；设想他们完全不知道还有哈姆雷特、霍拉旭甚至

吉尔登斯吞等角色：难道他们没可能把路人水手的这四字台词当作整部戏的核心，并据此发展出一套文学批评系统吗？如果他们之中有谁认为这部戏除了这一幕之外还有其他同等重要的部分，难道不会遭到惩罚甚至被流放吗？人类的生活在整个宇宙中占据的分量要比水手这句话在《哈姆雷特》中占的比重还要小得多，但我们既不能在幕后听到这部戏的余下部分，也对它的人物和情节知之甚少。

当我们想到人类时，都首先是想到自己作为人类的代表；因此我们把人类想得很好，并且觉得人的存在非常重要。琼斯先生，一个不信圣公会的杂货店员，确信自己值得永恒的生命，所以一个向他拒绝永生的宇宙是无法忍受的糟糕。当他想到罗宾逊先生时，一个信奉圣公会的行业竞争者——他把沙子和糖混在一起，而且星期日非常懒散，他又觉得宇宙对这种人实在是太过仁慈了。为了完成他自己的幸福，所以必须有燃烧着的地狱为罗宾逊先生准备；通过这种方式，人在宇宙中的重要性保住了，而在敌友之间做出的重要区分也不会被微弱、普遍的仁慈所抹消。而罗宾逊先生也持同样的观点，只不过里面的位置要对调一下。于是，人类的共同幸福就产生了。

> 只有愿意正视自身软弱的人才能实现真正的伟大

很多人或许认为，即使那些人类发明出来的体系、说法是不真实的，但它们是无害且能提供安慰的，所以最好就任其自然、不要去打破。但事实上它们绝对不是无害的，它们提供的安慰所付出的高昂代价，就是让人们去忍受那些事前本可以防止的灾难、本可以避免的不幸。

只有坚定不移地认识到我们自己在世界上的真实位置，我们才会获得完全的喜悦；而对那些躲藏在由迷信、神话构筑的围墙背后之人，他们所能拥有的不过是一部更为生动的戏剧。在思想的世界中也存在着"苦海"，只有那些愿意正视自身软弱无力的人才能渡过。在这之上，还存在解放让我们走出恐惧的专制，后者遮蔽住了白昼的光芒；让人类在黑暗中变得卑下而残忍。在人敢于正视自己在世上的真实位置之前，没有人能从恐惧之中真正解放；除非人允许自己面对自身的渺小，否则没有人能实现真正的伟大。

好人办坏事

"好人"与"坏人"

我们都知道什么是一个所谓的"好人"。理想的好人就是不抽烟不喝酒,不说脏话,对男女一视平等,经常去教堂,在所有事情上三观都正确。他对于错误的行为有一种警醒的恐惧,认为消除罪恶是我们痛苦但必要的职责;他对错误的思想怀有更深的恐惧,认为政府应该保护好年轻人免受歪门邪道的侵害——特别是那些有悖于成功的中年人士所普遍接受的智慧。除了在自己本职工作上极为刻苦外,他还花费很多时间在慈善活动上:他或许会鼓励爱国行为和军事训练;他或许会在工薪族中倡导勤勉、节约的美德,并让他们的子女懂得在这些方面做得不好就会受到应有的惩罚;他或许是一所大学的董事,会竭力阻止聘请那些具有颠覆思想的教授教书育人——对这些人的学识的尊重是有欠考虑的。当然最重要的是,他个人的"道德"——最狭隘的意义上,必须是无可指责的。

那么一个上述意义上的"好人",平均而言,是否就一定比一个"坏人"对我们要好呢?所谓的"坏人",我是指那些跟我们之前描述的正相反之人。一个"坏人"就是时不时地抽烟喝酒,甚至当别人踩着他脚时会破口大骂出来。他的一些观点很有破坏性;比如,他会认为如果你真的渴望和平那就应该为和平做准备,而不是为战争做准备。对于错误的行为,他会采取一种科学的态度——比如,他的摩托车如果坏了,他会去检测问题;他论证后得出结论,认为布道和监狱并不比修补一个破轮胎更能矫正恶行。而在错误的思想方面,他更加惊世骇俗。他认为我们称之为"错误的思想"无非就是一些想法,而所谓"正确的思想"不过是鹦鹉学舌般、翻来倒去的那几句话;这令他对所有那些不受欢迎的奇想怀有一份同情。他工作以外的活动仅仅就是享乐,或者更糟,激起人们对现状的不满,搞得当权者不得安宁。至于在个人"道德"方面他也很有可能不会像一个真正的有德之士那样，去小心隐瞒自己的过失；他会用一种反常的论点为自己辩护：做一个真实的人要比装作一个模范更好。一个在这些方面都有缺失之人，自然会被一般的模范市民瞧不起，不允许他担任任何掌握实权的职位——法官、治安官、教务长等。因为这些职务只会留给"好人"来做。

> 好人就是在观念和行为上取悦当权者的人

有关"好人""坏人"的整件事多少有些现代意味。它存在于克伦威尔时代清教徒短暂统治的英国，在那时它被传播到美国。直到法国大革命时期它又在英国重现，因为当时它被视作对抗雅各布宾派的好方法。诗人华兹华斯的一生就诠释了这种转变。他年轻时同情法国大革命，前往法兰西写下了许多优秀的诗篇，还在那儿生了一个女儿。但在当时他是被当作一个"坏人"。后来他则变"好"了，抛弃了自己的女儿，接受了正确的教条，所作诗歌让人不堪卒读。柯勒律治也经历了类似变化：当他邪恶败坏时创作出了《忽必烈汗》这样的伟大诗篇，当他从善变好时就转去写神学著作。

很难想到有任何一个诗人在创作优秀作品时是被视作"好人"的。但丁因为进行反动宣传而被流放；若从十四行诗的标准判断，美国移民局根本不会允许莎士比亚在纽约上岸。弥尔顿在克伦威尔时期是好的，之前或之后都是坏的——但他的诗都是在这个时候写的，事实上就在他要被当作布尔什维克绞死时逃跑以后创作的。多恩在当上圣保罗大教堂的教长以后都是有德的，但他的诗篇都是在之前写的——它们还令他的婚约引发了丑闻。斯温伯尔尼年轻时是败坏的，但他却在那时写出了《黎明破晓之歌》歌颂那些为自由而战的勇士；当他年老时就又有德行了，他疯狂地抨击布尔人，后者不过是为了捍卫自己的自由而对抗英国的蛮横侵略。不用再举更多的例子也足够说明，我们现在流行的美德标准和优秀诗歌的创作是不兼容的。

其他方面也有类似的事情。我们都知道伽利略和达尔文是坏人，斯宾诺莎在他死后100年内都还被当作极端邪恶的，笛卡尔怕被迫害出逃到国外。几乎所有文艺复兴的艺术家都是伤风败俗之人。

至于在更卑微的事情上，那些对本可预防的死亡持反对态度的人必然是邪恶的。我在伦敦住的地方贫富差距很大；婴儿的死亡率异乎寻常的高，但富人们通过腐败和胁迫控制了当地政府。他们利用自己的权力削减了在婴儿福利和公共健康方面的开支，还雇用了一个医务官把死亡率记得比一般标准还低，条件是让他只需用一半的时间去工作。没有人能赢得这些当地重要人物的尊敬，除非他把富人的晚宴看得比穷人孩子的性命更重要。这样的事情在我所到过的世界各地都有发生。这启发了我们用一句话来界定什么是"好人"："好人"就是在观念和行为上取悦当权者的人。

> 美德是一个人不去做什么而不是他做了什么

我们当前的伦理观是迷信和理性混杂在一起的奇怪产物。谋杀是古老的罪行，我们在模糊不清的长期恐怖中看待它。伪造罪是现代的，我们对待它倒很理性。我们惩罚伪造者，但我们并不真的觉得他们和谋杀犯一样怪异可怕。不论我们持有怎样的理论，在社会实践中我们还是认为美德是一个人不去做什么而不是他做了什么。那些戒除一些行为的人（它们往往被贴上"罪"的标签）被当作好人，即使他完全没做任何有益于他人的事情。这当然不符合福音书的教诲，"像爱你自己一样爱你的邻人"是一种积极的教导。但在所有的基督教社会里，任何遵守这一教诲的人都遭到了迫害，最少是为贫困所苦，一般是被投进监狱，有时也会被处死。世界上充满了不义，那些依靠这些不义使自己获利的人就处在制订道德赏罚体系的位置上。

那些捍卫传统道德的人有时也会承认它并不完美，但会辩解说任何的批评都可能导致整个道德体系的崩溃。如果批评是建立在积极和建设的基础上，这种情形就不会发生；但若只是为了逞一时之快结果就不得而知了。

官方的道德一直以来都是压制、消极的：它只告诉你"你不应该这样做"，却从不去考察那些被戒律禁止的活动到底有什么影响。所有伟大的神秘主义者和宗教导师都对这种道德做出过抗议，却是徒劳无功的：因为他们的信徒总是忽略那些最明确的宣告。因此，他们的方法不太可能带来大规模的改善。

保持理性

我认为，应该把希望更多地寄托在理性和科学的进步上。人们会逐渐意识到一个建立在仇恨与不义之上的世界很难为人带来幸福。最近的战争已经让一部分人明白了这一点，如果战争的结果是没有任何一方获得胜利，那可能就会教育更多的人。我们需要的道德应当建立在对生活的爱、增长的快乐以及积极的成就之上，而不是依赖压抑和禁止。一个人只要当其他人都快乐时他也是快乐的、坦荡的、慷慨的，那他就该被当作一个"好人"；这样的话，即使存在一些瑕疵也是无足轻重的。但一个人若是通过残忍和剥削获得了财富，那就应该被视为我们当前称之的"不道德人士"；即使他每天都去教堂，把自己罪恶所得的一部分拿出来做慈善，他也还是该被如此看待。要想实现这一点，只有在对待伦理问题时树立一种理性的态度，而不是把迷信和压抑混杂在一起——这在很多重要人物那里依旧符合"美德"的标准。

今天这个时代理性的力量已经普遍被小看，但我依然要做一个执迷不悟的理性主义者。理性也许只有一点点力量，但它是持续的，总朝着一个方向迈进，而非理性的力量则可以在无意义的斗争中一下子就摧毁另一方。因此每一次非理性的爆发最终反过来都会增强理性的力量，并重新昭示只有理性才是人性唯一真正的朋友。

IV

闲暇颂

闲暇颂

何为工作

我想郑重声明的是,现代世界的大量危害都源于我们将工作视作美德的信念,但通向幸福和成功之路其实需要我们有计划地减少工作。

首先,什么是工作?工作分为两种:第一种是改变地球表面或接近地球表面上物体的位置,第二种是叫别人去这么干。前者不受欢迎且工资微薄,后者令人愉悦同时报酬丰厚。第二种工作的范围也能无限扩展:不仅有发号施令的职位,也有向发令者提供建议的职位。经常有两种截然相反的建议被两个不同的组织同时提出,这就是我们所谓的政治。这种工作所需要的技能并非与所提建议相关的专业知识,而是为了宣传鼓动而能说会写的能力。

除了美国,在欧洲还有第三种人要比上述两类工作者更为尊贵。他们因为拥有土地,可以让在这片土地上生存、工作的其他人向自己缴租纳税。这些贵族地主自然是悠闲懒散的，按理说我应该称颂他们。遗憾的是，他们获得闲暇的唯一可能是靠别人的劳动；他们对舒适悠闲的欲望正是导致人们把劳动当作信条的历史源头。他们最不愿看到的事就是别人能和自己一样。

自文明伊始到工业革命之前，一般说来，一个人辛苦工作所得的东西仅够维持自己和家庭的温饱；即使他的妻子也像他一样努力工作，他的孩子一到了年龄就成为劳动力，仍然不会有多少剩余。即使在基本生活之外还有微小的剩余，那也不是留给他们这些生产者的，而是要献给军士和僧侣。在饥荒年间没有剩余的时候，军士和僧侣仍能保障他们的特权，结果自然是大量的劳动者死于挨饿。这样的体制在俄国直到1917年还存在，在东方今天还有；在英国，虽然有工业革命，但这一体制在拿破仑战争时期依然兴盛，直到100年前制造业阶级掌握了权力才终止。在美国，这一体制随着独立战争的胜利而解散，但在南方地区仍然残喘至内战时期。这样一种持续长久又在最近才被终结的体制，自然会在人们的思想和观念上留下深刻印象。许多我们视作理所当然的东西——比如工作是好的，都源于这一体制。它们是前工业时代的产物，并不适宜于现代的世界。现代技术使得闲暇不再局限于少数特权阶级，而是成为每个人都能平均分配到的权利。工作的美德是奴隶的美德，而一个现代的世界并不需要奴隶制。

闲暇是每个人都应该拥有的权利

从历史上来看，义务这一概念一直是掌权者们的工具，他们用它来诱骗其他人为主人的利益而非为自己的利益而活。当然掌权者们也会对自己掩盖这一事实，让自己相信他们的利益和人类绝大多数的利益是相一致的。这有时也是对的：比如，雅典的奴隶主们利用自己的闲暇时间为人类的文明做出了永久的贡献，这在一个公平的经济体制下是无法实现的。闲暇对于文明至关重要，但在过去，少数人的闲暇都是靠多数人的劳动而换来的。这些人的劳动之所以有价值并不是因为工作本身有多好，而是因为闲暇是好的。

那种认为穷人应该享有闲暇的观点总是令富人感到震惊。在19世纪早期的英国，一个男人每天要工作15小时；儿童有时也工作这么久，但通常是12小时一天。如果有爱管闲事的人提出这些工作时间似乎太长了，人们就会跟他讲工作让男人不去酗酒、儿童不会学坏。我还是孩子时，城市工人刚取得投票权不久，法律规定了一些也适用于他们的公众假期，这引起了上流阶层的极大愤慨。我还记得一个老公爵夫人评论道："穷人要假日干什么？他们应该工作。"人们现在没有这么直白了，但内在的想法其实没变，这也成了我们很多经济纠纷的根源。

必须承认，只有文明和教育才能令一个人学会明智地利用闲暇时光。一个一辈子都在长时间工作的人，突然变得无事可做就一定会感到无聊。但人若不保证一定数量的闲暇，就会错失人生中很多美好的事物。今天再也没有任何理由剥夺大多数人享有闲暇的权利；除了愚蠢的禁欲主义，通常是要求他人替代的，要求我们在已完全没有必要的情况下坚持过量地工作。

体力劳动者的工作只是一种谋生的手段

多少个世纪以来,男人都在歌颂女性无与伦比的圣洁;他们通过宣扬圣洁比权力更可取,以此确保女人处于劣势地位、听他们的话。类似的情况也发生在俄国体力劳动者身上。长久以来,富人及其奉承者都在鼓吹"诚实的劳动",赞美贫穷的生活,宣扬一种宗教,其声称穷人要比富人更容易进天堂。总之,他们就是想让体力劳动者相信自己搬动地表物质的工作有着特别高尚之处,这就和男人诱使女人相信接受他们的奴役会非常崇高一样。

事实上,一定程度的体力劳动对于我们的生存是必要的,但它显然不是人生的目的。倘若如此,我们就应该认为每一个挖土工人都要比莎士比亚优秀。在这个问题上我们是被两方面的因素误导。一者是保持穷人知足的必要性,这让富人数千年来歌颂劳动的光荣,却同时让自己处于不光荣的照料下。另一者是机械生产带来新的愉悦,这令我们陶醉于自己能在地球表面上做出的奇妙改变。但这两种动机都不会对真正的工人产生吸引力。如果你问他什么是他认为的生活中最美好之事,他多半不会这样回答:"我享受体力劳动因为它让我感到自己在实现人类最高尚的事业,而且我也乐意想象一个人究竟能将他的星球改造成什么样子。确实我的身体需要休息,我也不得不满足它;但我最快乐的事就是每天清晨返回令我心满意足的工作中。"我从未听到一个工人说过这样的话。他们只是把工作当成一种必要的谋生手段——也应当如此,只有在他们的闲暇时刻他们才能享受自己想要的快乐。

保持工作量的适度性

过去,有闲阶级规模很小,劳动阶级数量很大。有闲阶级享有的诸种特权都不具备社会正义性;这就必然造就压迫和有限的同情心,发明各种理论来为这种特权辩护。这些都极大地削减了有闲阶级的卓越之处,但尽管有这些缺点,它也还是为我们所谓的绝大多数文明做出了贡献。它培养了艺术、发现了科学;它著书立说,既阐发了哲学思想,也提炼了社会关系。即使是被压迫者的解放也往往肇始于这些文明。没有有闲阶级,人类永远都不能走出野蛮。

工作应该充足到令我们感到闲暇的愉悦,

但也不能过量到让人精疲力竭。既然人在空闲时并不疲累，他们也就不会只追求那些消极无味的娱乐。至少会有1%的人可能将工作以外的时间投入具有公共意义的事业；由于这些无关他们的生计，他们的创造性就不会枯竭，也用不着去遵循陈腐专家的教条。闲暇的好处不只体现在这些特殊的情况中。普通的男男女女，因为有了幸福生活的机会，就会变得更为友善、更少去迫害或者猜忌他人。喜欢战争的品位也会消失，部分源于此，部分是因为战争给所有人都带来漫长而繁重的工作。在所有的道德品性中，善良是世界最需要的；而善良是在悠闲和安全之中诞生的，并非艰苦斗争的生活之产品。

"无用的"知识

"有用"的知识

整个18世纪,一种更为宽泛、更为实用的知识观念在逐渐形成;而世纪末爆发的法国大革命和机器的广泛使用使得这一观念突然被加速确立——前者摧毁了绅士文化,后者令非绅士的技艺有了新奇的施展空间。随后的150年,人们越来越强烈地质疑"无用"知识的价值,同时越发相信只有那种能被应用在社会生活中的知识才具有价值。

无论何处,知识逐渐不再被视作一种本身就好的东西,或是一种更为宽广而人性化对待生活的方式,而仅仅被视作技术本领的组成部分。这部分是因为科学技术和军事需求带来了更为深刻的社会整合。今天经济和政治之间的联系要比过去任何时代都更加紧密,因此也就有更多的社会压力迫使一个人过一种在他邻居看来"有用"的生活。教育机构,除了那些为富人开设的,或者英格兰自古流传下来的那种,大多无法自主支配经费;它们必须满足国家的需要,通过传授技能和灌输忠诚来让自己对国家有用。这也正是以下这些活动不可缺少的组成部分:义务兵役制、童子军、政党组织、煽动政治激情的大众传媒。我们比以前任何时候都更了解自己的同胞,更加渴望——如果我们内心善良的话——做对他们有益的事,也希望能使他们做对我们有益的事。我们不喜欢想着有谁在懒散、悠闲地度日,不论他享受的生活有多么精妙。我们认为每个人都应该为我们共同的事业出一份力(无论这种事业是什么);我们越是这样认为,就越有许多坏人跳出来反对这一事业,所以我们应该制止他们。除了那种我们认为是重要的、可以在斗争之中(不管是为了什么而斗争)帮助我们的知识,我们的大脑没有闲暇去学习别的东西。

对于这种狭隘的功利主义教育,我们有很多话可以说。不过在一个人开始谋生之前,他没有时间去学习一切,所以毋庸置疑,"有用"的知识是非常有用的,是这种知识创造了现代世界。没有它，我们就不会有机器、汽车、铁路和飞机；当然我们也不会有现代的广告和政治动员。现代的知识为我们普遍的健康状况带来了极大改善，但也同时发明了如何用毒气去灭绝大城市的方法。与以往的时代相比，我们所处的世界最大的特征在于它所拥有的"有用"知识。迄今没有任何一个社会掌握够了这种知识，所以毫无疑问，教育会持续增进这种知识。

然而，除了那些文化能带来直接效用的情况外，也存在很多间接的效用，虽然掌握此类知识对技术的效率并无贡献。我认为，通过极大鼓舞这一类知识同时减少对专业能力的冷酷追求，现代世界某些最坏的情况可以借此得以改善。

> 培养一个人的目标和训练他的技能一样必要

在获取知识的过程中，文化因素若能被成功吸收，就能塑造一个人思想和欲望方面的特性；这使他们将自己（至少是一部分人）和广大客观的对象联系起来，而非仅仅关注对自己有直接用途的东西。人们太习以为常地认为，只要一个人通过学习知识获得了某些能力，他就能将它们施展出来有益于社会。这种狭隘的功利主义教育观没有意识到，培养一个人的目标和训练他的技能一样必要。在未受训练的人性之中残存着很多残忍的因素，它们通过多种形式或大或小地表现出来。学校里的男孩喜欢欺负新生以及那些着装与众不同的孩子。许多女人（也有不少男人）喜欢在背后说三道四，尽其可能去损害别人。西班牙人热衷于斗牛，英国人则喜欢打猎和射击。同样一种残忍的冲动存在于纳粹德国屠杀犹太人、苏俄整肃富农那里，以一种更为严重的形式出现。所有的帝国主义都会为这种残忍的冲动提供释放的机会，而在战争中它们被神圣化为公民最高的天职。

必须承认，受过高等教育的人有时也会非常残忍。但我认为和那些心智仍处于原始状态的人比起来，这种状况无疑较少。在学校里霸凌别人的小孩，绝少学业优秀、达到平均水平。当人们对他人处以私刑时，带头领先几乎无一例外都是无知之人。这并非因为精神方面的培养能产生积极的人道主义情感——虽然它也可能产生；恰恰是因为它带给了人们折磨他人以外的兴趣，让人除了支配他人之外也能从其他方面感受到自尊。人们最普遍渴望的两个东西分别是权力和赞颂。一般来说，无知之人借由体力上的掌控只能用粗野的方式获得其中一者。文化则让人能以一种不那么有害的方式获得权力，用一种更可取的方法使自己得到赞颂。伽利略在改变世界方面比任何一个专制君主做得都要多，他的力量远远胜过那些迫害他的人。他也因此无须去变成另一个迫害者。

在思想中而非行动中寻求愉悦

或许，"无用的"知识最重要的作用在于促进心灵沉思的习惯。现在世界上有太多的轻率和随意，不只是事前没有做好准备就去行动，甚至本身就要去做一些反智的行为。人们在这一点上用很多稀奇古怪的方式捍卫他们的偏见。靡菲斯特（Mephisto）告诉青年学生"理论是灰色的，生命之树常青"；所有人都引用这句名言把它当作歌德的见解，但事实上，这正是魔鬼诱惑大学生去行乐使用的伎俩。哈姆雷特经常被视作一个可怕的警示——所谓"思想的巨人，行动的矮子"，却没人把奥赛罗当作对只会行动而不思考的可怕警示。像柏格森[①]之类的教授，出于一种对实干家的谄媚，贬斥哲学思想，说什么生命最好应该像骑兵冲锋那样去做。在我看来，最好的行动，是在对宇宙和人类命运有了深刻理解后才产生的，而不是由浪漫、失衡的自我主张伴随着野性冲动所发出的。在思想中而非行动中寻求愉悦的习惯，是对抗反智和过度权力欲的保护措施，也是在苦难中保持镇定、在烦恼中维持内心宁静的一种办法。封闭于自我的生活迟早会变得痛苦不堪；只有打开一扇面向更为广大、更少躁动之宇宙的窗户，我们才能渡过生命中那些悲惨的时刻。

带着好奇心学习

在一些情况下，人们可以在知识之中找到慰藉——它们与我们当时的烦恼有着现实或虚构的联系；即使没有找到慰藉，这些知识也能帮助我们将那不幸的一刻冲刷掉。当我们被脸色气得发白的人攻击时，想想笛卡尔的《论情感》

---

① 亨利·柏格森：法国哲学家，诺贝尔文学奖获得者，主张时间乃是人内在意识的绵延，以优美的文字歌颂生命的创造与冲动。

里那一章"为什么脸色苍白的愤怒之人要比脸色发红的人更可怕"①,就不免会心一笑。当一个人在参与跨国项目因为遇到困难而不耐烦时,他如果能想到路易九世在进行"十字军"东征之前,还与"山中老人",也就是阿拉伯世界中邪恶的化身刺客领袖哈桑结成过同盟,他的不耐烦情绪就会得以缓解。

带着好奇心的学习不仅能让不愉快的东西有所缓解,也会使美好的事物更加令人愉悦。自从我知道下列知识后,就更加喜欢桃子和杏子。它们最早是在中国汉代种植的;被迦腻色伽大帝扣押的中国人质带入印度,后又传入波斯,最终在1世纪进入罗马帝国;英文单词"杏子"和"早熟"有着同样的拉丁语词源,因为杏子确实是早熟的水果;"杏子"首字母A是受错误的词源学影响而误加上去的。所有这些都令这种水果品尝起来更加甘甜。

---

① 路易九世在其发动第七、第八次"十字军"东征之前,曾与刺客组织阿萨辛派首领讲和,提议基督教和伊斯兰教联手对抗蒙古军西征。

> 在广阔的认识和无私的情感中,智慧才最容易生长

尽管文化上的微小乐趣在解决实际生活中的琐碎烦恼上有一席之地,但沉思更重要的价值关乎生命中更严重的困难——死亡、痛苦和残忍,以及避免国家民族盲目冒进陷入不必要的灾难。独断的宗教信仰已无法给人带来安慰,所以我们需要一些替代品,免使自己的生命变得严酷苍白、被肤浅的主见充斥。现在世界上充满了以自我为中心的愤怒群体,其中没有任何一个能从整体上审视人的生命,所有人都宁愿让文明毁灭也不愿退让一步。对于这种狭隘,没有任何的技术类教育能提供矫正的方法。只要这种狭隘还是个体心理的问题,那治疗方法就应该在历史学、生物学、宇宙学,以及一切既不摧毁自尊又令个体能正确看待自己的学科里寻找。我们所需要的不是这样或那样的具体信息,而是一种知识能激发我们从整体上去把握人生的目的:艺术和历史,对英雄人物生活的了解,以及认识到人在宇宙中的位置是多么偶然和短暂——所有这一切都触碰到一种特殊的情感,即生而为人的骄傲,有能力去观察去认识,慷慨地感受、理智地思考。在广

阔的认识和无私的情感中，智慧才最容易生长。

任何时代的生活都充满了痛苦，但在我们的时代生活要比两个世纪前更加痛苦。为了逃离痛苦，人们沉溺于肤浅、自我欺骗，发明大量的关于集体的神话。这些临时的镇痛物虽然短期有效，但从长远来看只会增加我们的痛苦。

不论是个体的不幸还是公众的痛苦，都只能通过意志和智力的相互作用来控制：意志要求我们拒绝对苦难视而不见，或者接受一种不切实际的拯救方案；而智力则要求我们去理解它，如果它是可被治愈的就找出治疗的办法，如果不是那就把它当作不可避免的东西接受下来，通过审视它与周围事物的关系来忍受它，并且永远记住在这苦难与不幸之外还有别的地方、其他的时代以及宇宙星空的无限深邃。

斯多葛主义与精神健康

面对死亡的方式

让我们从斯多葛主义最困难也是最基本的问题开始,也就是死亡的问题。

有许多不同的办法来处理针对死亡的恐惧。我们可以尽量忽略它,对其避而不谈,当我们发现自己一旦触及这个问题时,就把注意力转向别的地方。这就是 H·G· 韦尔斯在《时间机器》里描述的轻浮之人处理死亡的方法[①]。或者我们可以反其道而行之,针对人生之短暂进行持续的冥想,希望借此看淡生死,这是神圣罗马帝国皇帝查理五世主动退位后在修道院里采取的方法。还有第三种更广为人们采纳的办法,就是说服自己和别人死亡并不是真的死,而是

[①] 作品描述一位科学家通过时间旅行机器来到 802701 年。这时地球上的人类进化为两类。艾洛伊人是生活在地面上的人。他们体态娇小柔弱,衣着华丽,不思劳动,过度追求安逸和享乐,智力、体能显著退化,看淡死亡,大多成为生活在地下的莫洛克人的食物。

通向美好新生活的必经之途。这三种方法不同程度地混合在一起,就成了大多数人面对我们终有一死的事实时采取的策略。

当然,无论是以怎样辛酸的方法,孩子的童年都完全能够避开有关死亡的知识。这种事是否发生,纯属运气。如果他的父母兄妹中有谁不幸离世,那就没法阻止孩子在情感上接触到死亡。即使孩子的童年足够幸运,没有接触到死亡的事实,他早晚也还是会碰上;对于那些完全没有心理准备的人,死亡这种事情一旦发生,就会对其造成严重的打击。因此,我们应该试着确立某种面对死亡的态度,而不是仅仅回避它。

但若持续不断地徘徊在死亡这一问题上,也是同样有害的。过于单一地思虑任何一个对象都是错误的,尤其是当我们的思虑无法付诸行动之时。当然我们也能推迟自己的死亡,在一定限度内每个正常人都会这样做。但我们最终无法避免死亡;所以沉思死亡这件事是无益的。况且,它会减少一个人对外在人和事的关注,而只有外在的兴趣才能保证人的精神健康。对死亡的恐惧会让一个人觉得自己是外部力量的奴隶，一个奴隶的精神状态自然不会带来好的结果。如果一个人真能通过冥想治愈自己对死亡的恐惧，他就会不去再想这件事；只要他还沉迷于死亡的话题，那就证明他并未有停止对它的恐惧。所以这个办法也并不比其他的更好。

适应这个终有一死的世界

那么我们应该怎么做让年轻人适应这个终有一死的世界呢？我认为我们必须实现以下三个很难整合在一起的目标。

（1）我们不要让年轻人感到死亡是我们不希望谈论或不鼓励他们思考的话题。如果我们让他们有这种感觉，他们就会认为这里面有很多有趣神秘的东西，也就会想得更多。在这一点上，现代的性教育也同样适用。

（2）只要可能，我们就要尽全力阻止年轻人纠缠在死亡这件事上；对这种沉迷的反对就像和对沉迷于色情的反对一样，这些沉迷会降低效率、阻碍人的全面发展，甚至招致一些对自己和他人都不好的行为。

（3）我们不要寄希望于仅仅通过思想意识

就让一个人获得对死亡的满意态度；更特别的是，那种想要展示死亡并没有它原本看起来那么可怕的信念并没什么益处，尤其是（常常如此）这种信念并未渗透进人的意识之中时。

为了使这些不同的目标富有成效，我们应该针对儿童和年轻人的具体经历采取不同的方法。如果一个孩子并未经历周围亲近的人离世，那么就很容易让他不投入过多情感地把死亡当作一件平常的事情。只要死亡是抽象的、无关个人的，那就应该把它当作一件平淡的事情来谈，而不是什么可怕的事情。如果小孩问："我会死吗？"你应该说："是的，但在很长一段时间内还不会。"不要让死亡变得神秘化这点很重要，应该把它放在和坏了的玩具一样的范畴内考虑。不过如果可能的话，当孩子年幼时当然应该让他觉得死亡是非常遥远的。

如果孩子周围有很亲密的人死去了，那就是另外一回事了。假设一个孩子的兄弟夭折了，他的父母自然很悲伤，尽管他们不想让孩子知道他们有多么的悲痛，但让孩子意识到他们在为某件事情而难过这是正确且必要的。自然的情感非常重要,孩子应该和成人一样去感受它。就算父母以超人的努力在孩子面前隐藏起他们的伤痛,孩子也可能会想:"如果我死了他们也不会在意。"这样的想法能够招致各种病态的发展。因此,对于大一点的孩子来说,碰到这种突如其来的打击是会受到伤害的(幼儿可能不会有太大感触),但如果这种事发生了,我们一定不能太过简化它。对于这个问题既不能回避也不可纠缠;如果可能的话,尽量让孩子发展出新的兴趣、唤起一些新的情感,但千万别做得太过刻意。我觉得孩子若对某个人怀有强烈的情感,往往是出于某方面的扭曲。比如,父母一方对孩子很冷酷,他就会特别依恋另一个人;如果父母都对他态度恶劣,他就会把这种情感寄托在老师身上。但通常这只是恐惧的产物:孩子只会去爱能给他带来安全感的人。儿童时期的这种情感并不健全。

  孩子所爱之人如果死亡,这必然会撕碎他的生活。即使外表看起来一切如常,但在随后的爱之情感中就会充满恐惧。他们会为过分的担忧而受折磨,但如果仅仅是过自己的生活又会被当作麻木不仁。所以父母不应该因为孩子向你投入了这种情感就感到高兴。如果孩子有一个相对友善的环境且过得幸福，那当身边有人死亡时他会更容易克服这种苦痛。只要具备幸福成长的正常条件，面向生命和希望的冲动就应该被完全满足。

以一种更加积极的态度面对死亡

不过在青年时期，要想让以后的成年生活令人满意，就必须以一种更加积极的态度面对死亡。成年人应该少去想死亡这件事，无论是他自己的还是他所爱之人的，这不光是因为他刻意将注意力转向其他事情——思考死亡这件无益之事不能带来任何收获，也是因为他生活中的兴趣和活动变得更广泛。当他真的想到死亡时，那最好就采取一种斯多葛主义的方式，谨慎而冷静地思考，不要试图淡化它的重要性，反而要在对它的克服之中感到骄傲。这和克服其他恐惧的方法其实一样：对于那些令我们惧怕的东西，唯一可能的解决办法就是对其坚定的思考。人要对自己说："没错，这可能会发生，但又怎么样呢？"在战争中牺牲的情况下，人们会达到这一境界，因为他们坚信自己或自己的亲人为之献身的东西是值得的。这样一种情感在任何时代都有可取之处。无论何时，一个人都应该感到自己在这个世界上总有些重要的东西，它们并不因自己的死亡抑或妻子、儿女的离去就画上句号。如果说这种对待死亡的态度在成年生活那里是真诚而深刻的，那么青春年少之人也应该为这种豁达的激情所感染，并以此去建设自己的生活与事业。青春对人是慷慨的，所以要利用这个时期养成慷慨大度的习惯。

> 人必须有一种态度去应付人生中不愉快的部分

在最近的时代，斯多葛主义在生活中的地位不知怎么被低估了，特别是被进步的教育家们低估了。当不幸降临时，只有两种方法来处理：或者我们试着避开它，或者我们不屈不挠地面对它。前一种方法如果无需怯懦也能成功，自然是很好的；但后一种方法，对于任何一个不想为恐惧所奴役的人，早晚都是必须学会的。正是这种态度构成了斯多葛主义。对于教育者来说，最大的难题在于向年轻人传授斯多葛主义是否也会为那些虐待狂大开方便之门。过去，规训的观念很激烈，以至于以教育之名去行使残忍的惩罚。是否可能给予最少量的必要训诫，但又不让人以孩子受苦为乐？当然了，那些保守人士不会承认自己在惩罚孩子的过程中感到了什么快乐。每个人都听过这样一个故事。父亲手持藤条管教孩子，他说："我的孩子，我打你但我比你更难过。"儿子回答到："那么父亲，你愿意跟我换一下让我来打你吗？"

最好用斯多葛主义来处理的问题有很多，对死亡的恐惧只是其中之一。此外还有对贫穷的忧虑、对身体疼痛的担心，以及富裕的已婚妇女对生孩子感到害怕。所有这些恐惧都是软弱的，多少有些令人鄙夷。但如果我们采取的做法是让人们不要去想这些事，那么我们其实也是在说没有什么减轻不幸的事需要去做。很长一段时间，人们认为妇女生小孩不应该打麻醉药；这种观点在日本一直延续至今。男性医生认为麻醉是有害的，但并没有理由支持这一观点，无疑是由潜意识里的虐待倾向引发的。但是，分娩的痛苦越是被减轻，富裕的妇女就越是没有意志力去忍受它们：她们的勇气要比实际需要的消失得更快。显然存在一种平衡。想让整个人生都温柔、愉快是不可能的，所以人必须有一种态度去应付人生中不愉快的部分；但我们也要尽可能将对残忍的鼓励减少到最低。

> 只要教育者受明智之爱的激发，他们就会做出正确的事情

谁只要和年幼的孩童打过交道就会很快明白，对他们太过关心是错误的。当然完全不关心肯定更糟，任何事走极端都是不对的。得到太多关爱的小孩稍有一点不顺心的事就会哭个不停，成年人正常的自我控制只有通过以下的知识才能获得——大哭大闹是换不来任何同情的。孩子很容易明白一个有时对他们比较严厉的大人才是最好的；孩子的本能会让自己知道是否被爱，对于那些真正关心他们、希望他们正确成长的人，孩子无论怎样的严厉都愿意忍受。所以理论上问题很容易解决：只要教育者受明智之爱的激发，他们就会做出正确的事情。但实际情况要更加复杂。疲惫、苦恼、担忧、不耐烦等情绪总是困扰着家长和老师，况且那种认为只要是为了孩子最终的幸福，就可以把

自己的情绪发泄在他们身上的教育理念也是非常危险的。但无论如何，如果理论上是正确的，我们就应该采纳它；将这些危险和隐患摆在家中或老师的良知面前，采取一切措施避免它们出现。

成为孩子的榜样 |

现在我们可以对之前的讨论进行下总结。对于部分孩童，生活中的痛苦与不幸以及相关的知识，既不要让他们回避也不要强迫他们知道；当环境促使其无法避免时，就面对其到来。如果不得不提起令人痛苦的事情，就应该以真实而客观的态度对待；但若是家中有谁亡故，在这种情况下还掩饰悲伤是很不自然的。成年人应该以自身行为树立起快乐的勇气，年轻人就会不知不觉以他们为榜样。对于青春期的少男少女，应该把大量的外在兴趣展示给他们看，教育应该给他们树立这样的观念——活着的目的其实在自身之外（但要通过启发暗示，而不是明显的讲道）。当不幸降临时，他们应该学会想起世上还有许多值得为之活着奋斗的事而来忍受它；但也不要沉溺于对可能发生的灾难之幻想中，即使这是为了做好迎接的准备。那些以和青年人打交道为职业的人应该时刻警醒自己，不要从教育所必需的规训之中获得施虐的快感；训诫的动机必须是受教育者自身性格和智识上的发展。

我最后还有一点想讲，就是最好的规训是发自内心的冲动——自律。为了使这一点成为可能，儿童和青年必须具备克服困难的雄心，并有为之付出全力的壮志。这样的志向通常也是受周围人的启发；所以即使是自律，到头来还是有赖于教育上的激励。

V

论教育

理想人格的四要素

教育者只知道热爱年轻人是不够的，他还必须对什么是优秀之人具备正确的理解。猫会教小猫如何捉老鼠、与它们玩耍，人类的军事家也会这样来教育年轻人。但猫会喜欢自己的小猫，却不会喜欢老鼠；军事家也许爱自己的儿子，却绝不爱敌人的儿子。即使是那些热爱全人类的人也可能在什么是美好的生活这一问题上给出错误的答案。因此，我要先在这里对我所认为的人类优秀质量做出一些说明。

我认为构成一个人理想人格的四种基本要素是：活力、勇气、敏感和智慧。并不是说只有这四个就够了，但它们完全可以带领我们步入美好的生活。

只要有活力存在，人就会感到活着的快乐

活力更像是一种生理特质而非精神品质；只要健康状态完美，人就会一直拥有活力。但活力会随着人年岁的增加而逐渐减弱，到了晚年时终将消散。还未开始上学的小孩总是精力充沛，活力很快就能达到顶峰，随后则在教育的规训下慢慢减少。不论人所身处的具体环境是否令他满意，只要有活力存在，人就会感到活着的快乐。所以活力能够增加快乐减少痛苦。它会让人很容易对周遭的事物发生兴趣，由此来提升认识的客观性，而客观的认识对于健全的心智尤为重要。人类总是倾向于自我沉溺，以致对自身之外的事物置若罔闻、毫无兴趣。这对他们来说其实成了严重的灾难，轻则引发无聊，重则导致忧郁症；而且它对于大多数的有益活动也是一个致命障碍。活力既可以促进对于外部世界的兴趣，又能提升人们努力工作的力量。此外，它还可以抵御嫉妒，因为活力让人自身的存在变得快乐。

勇气的两种形式

我们列表上的第二项品质是勇气，其表现形式各异，又都很复杂。没有畏惧是一回事，有力量掌控恐惧则是另一回事。人在有理由感到恐惧的情况下无所畏惧是一回事，人在没有理由感到恐惧的情况下表现得什么都不怕又是另一回事。没有非理性的畏惧这当然是好的，正如有力量去掌控恐惧也是好的。

非理性的恐惧在大多数人的本能情感中扮演着重要角色。它的病理形式，比如受被害妄想症、焦虑症等，都需要精神病专家去治疗。而它的较温和形式，在所谓的正常人中也是很普遍的。它可能是一种对于危险的普遍感受，更准确地讲是种"焦虑"；也可能是对一些并不危险的事物感到害怕，比如老鼠和蜘蛛。曾经人们认为这些恐惧是源自人的本能，但现在很多研究者都对此提出了疑问。确实存在一些本能的恐惧——比如一声巨响，但绝大多数的恐惧都是源于经验或心理暗示。像害怕黑暗这种恐惧，似乎就该完全归咎于心理暗示。有理由相信脊椎动物并不经常对它们的天敌怀有本能的恐惧，这种情感是从前代动物那里获取的。同一种类的动物被人工饲养后，这些所谓本能的恐惧就消失不见了。但恐惧是非常容易传染的：孩子们往往从长辈那里习得了恐惧，甚至他们的长辈都没有意识到自己流露出了恐惧。

传统上，贵族一直被训练不能流露出恐惧，但从属的民族、阶级以及性别却被鼓励要保持胆怯。测试一个人是否有勇气往往是以残忍的行为主义模式进行的：男人不能在战斗中逃跑，他必须精通"男人的"运动，他还必须在遇到火灾、船难、地震时保持镇定。他不能仅仅只是做正确的事，还要能处变不惊——不能脸色苍白、不能浑身发抖、不能上气不接下气，总之不能让任何人发现他流露出了恐惧。但我认为在所有民族、一切阶级、不同性别中培养勇气是更为重要的。倘若采取压抑的方法，通常会带来许多相关的恶果。羞愧与耻辱一直是产生表面勇气的有力武器；但事实上它们仅仅是引发不同恐惧之间的冲突，希望借此使人明白与他害怕的事物相比，在公众面前受辱要更加可怕。我小时候被教授了这样一条准则："永远都要讲真话，除非有什么事令你害怕。"我无法接受存在任何的例外状况。恐惧应该被我们克服，不光是在行动上还要在情感上；也不只是在有意识的情感上，还要在无意识之中也被克服。贵族教育的训练只是在表面上战胜了恐惧，却在内心深处留下了战栗的冲动，继而导致恶劣又扭曲的反应——但这其实正是恐惧的产物。

从心理学和生理学的角度来看，恐惧和愤怒是两种非常密切而相似的情感。但愤怒的人并不拥有最高级的勇气。对黑人暴动以及其他一切危及贵族统治的行为进行残酷镇压,这都是胆怯懦弱的表现,值得被人们唾弃——就像鄙夷那些更为明显的懦弱行径一样。我相信,通过教育完全有可能让普通男女过上没有恐惧的生活。

人不应该去命令他人也不应该去服从他人

虽然通常我们认为教人"谦卑"是件好事,但这也会产生相反的恶果。"谦卑"压抑人的自尊心,却压抑不了想要得到别人尊敬的欲望;于是名义上的自卑自谦就成为一种博得他人信任的手段。因此,它会导致本性上的伪善与虚假。孩子们从小被要求没有理由地服从,等他们长大后也会这样教育自己的孩子;因为据说,只有学会服从的人才知道该如何发号施令。但我以为,没有人应该去学会接受服从,也没有人应该企图发号施令。我当然不是说在合作性的事业中不要有领导者;但他们的权威应该像一支足球队的队长那样——人们之所以愿意忍受权威,是为了达到一个共同的目标。这一共同目标是我们自发自愿的,而非外部权威决定的;

我们也不能将这一目标强加在他人身上。这就是我所谓的人不应该去命令他人也不应该去服从他人。

> 完美的勇气存在于兴趣广泛的人那里

最高级的勇气还需要一种我所谓的"客观对待生活的态度"。那些把希望和恐惧全部聚焦于自己的人，面对死亡时很难泰然处之，因为这对他来说就是整个情感宇宙的毁灭。这里，传统的教诲再次要我们用廉价而简单的压抑方法：圣人必须学会放下自我，必须修身养性，必须摒弃本能的快乐。这些也许是能做到，但结果并不见得有效。既然放弃了自己的快乐，禁欲的圣人也会要求别人放弃他们的快乐——后者更为简单。人的内心深处总有嫉妒作祟，它会使人相信遭受苦难其实是在彰显高贵，因此也就合法化了强加于他人的苦难。这就导致了价值观的彻底颠倒：行善被当成作恶，作恶却被当作行善。造成这一切伤害的根源在于，为了追求美好的生活，人听从消极压抑的命令，而不是扩展、满足自然的欲望及本能的快乐。

事实上，对自身以外的任何事物抱有兴趣，

都能使人的生活达到超脱、客观的程度。基于此，虽然这看起来有点自相矛盾，但一个拥有广泛而生动兴趣的人比一个天天疑神疑鬼、满脑子担心自己的人更容易面对死亡。因此，完美的勇气存在于兴趣广泛的人那里，因为他会感到自我只是整个世界的一小部分；达到这一境界的途径是通过珍惜自身以外的事物，而非靠贬低自己。只有当自由的本能和积极的智慧相结合，这一切才可能发生。这二者的结合会产生出一种完满的人生观，在其中人的生死都是微不足道的事情；但无论是放纵欲望之徒还是禁欲的僧侣都不会懂得这一点。不同于那些消极、压抑的表面勇敢，这才是一种积极的、符合天性的勇气。

人的敏感其实是一种情感

　　第三种品质就是敏感，某种意义上它其实是对勇气的矫正。意识不到危险的人更容易做出勇敢的举动，但人们通常认为这是愚蠢的。任何出于无知或疏忽的行为不能令我们感到满意：在追求我们想要的东西的过程中，所需知识的完满领悟与实现都是极为重要的。然而，人的认知隶属于知性的头脑，但人的敏感其实是一种情感。一个纯理论性的定义是：当人因许多外在的刺激而产生情感反应时，我们就可以说他是敏感的；然而若这样宽泛来讲，敏感就并不必然是一种好的品质。要想让敏感成为一种好的品质，情绪反应必须在某种意义上是适当的——仅仅只有强度是不够的。

敏感的进一步发展形式是同情。倘若所爱之人得了绝症，几乎所有人都会深感悲痛。大多数人都会为医院里受苦的病人所触动，尽管他们并不认识。可是当人们看到癌症引起的死亡率数据是多少多少时，他们一般只会感到暂时性的恐慌，害怕自己以及自己身边的人会患上这种病。战争也是如此，只有自己的儿女、手足受伤致残时，人们才会感到战争的可怕；但即使得知有100万人因为战争而伤残，他们对于战争的恐惧感也不会提升100万倍。一个平日待人友善的人，完全可能通过鼓动战争甚至是依靠折磨"落后"国家的儿童来为自己谋取利益。所有这些熟悉的现象都可以归咎于一个事实：对于大多数人来说，仅凭抽象的刺激无法唤起他们的同情之心。如果这点能够得到补救，现代世界的绝大多数罪恶都会不复存在。科学极大地提升了我们对于距离遥远的人们生活的影响，却未能增强我们对他们的同情。假定你持有一间公司的股票，它在上海从事棉纺生产。你可能天天都很忙，仅仅是根据财务建议去进行了这笔投资；你感兴趣的当然不是上海或者棉花，而是你最终能获得多少利润。即使如此，你仍旧参与迫害了无辜的人们——如果不是强迫幼小的儿童参与非人道的、危险的工作，你根本不会得到什么利润。但你对此不会介意，因为你并未亲眼见证受折磨的童工，抽象的刺激没法打动你。这就是大规模的工业制度能如此残忍，受压迫的民族能如此逆来顺受的根本原因。

> **智慧是指一种获取知识的能力，而非已经获得的知识**

最后一种品质就是智慧。轻视智慧，是传统道德观的一大恶果。古希腊人在这方面并没犯错，但某些教会却让人们相信除了德行以外的事情都不重要——所谓德行，就是不要去做一些被随意标上"原罪"的行为。只要这种态度存在，人们就不可能意识到智慧其实要比传统人为的"美德"益处更大。我所谓的智慧包括真正的知识和对知识的接受，这二者紧密相连。无知的成年人是没法教的；比如，在保健和饮食这些事情上，他们完全无法相信科学的说法。只要没被教条主义的思想束缚，一个人学的知识越多，他学起来也就越容易。无知的人从来没有被强迫改变精神上的习惯，也就越发固守亘古不变的态度。他们不光是在该质疑的时候去轻信，而且在该接受的时候他们偏偏要去怀疑。毋庸置疑，所谓"智慧"正确说来更多是指一种获取知识的能力，而非已经获得的知识。

智慧需要警醒的好奇，但必须是特定种类的好奇才行。那种引领乡村邻居入夜后窥视他人家情形的好奇，实在没什么高尚的价值。人们之所以对讲人闲话、八卦新闻充满广泛的兴趣，不是因为他们热爱知识，而是因为他们心怀恶意：没有人会在背后八卦别人隐秘的美德，他们只是热衷于那些不为人知的恶习。

智力上的正直最需要勇气，正如行为上的

英雄主义也是这样。真实的世界远比我们想的要充满更多的未知;从生命的第一天起我们就在实践不确定的归纳法,混淆精神上的习性与外部自然的法则。自由的精神生活不会像封闭在教条中的生活那样温暖、舒适、友善;当冬天的风暴在室内怒吼时,只有信仰和约束才能给人带来室内暖炉般的惬意。

> **人只要具备特殊的能力,就应该保持他的独立性**

农民对田地的生产力应有自己的判断,因为那块地是他亲自耕种的,虽然在形成判断之前也获得了相应的农业知识。经济学家对货币问题也应该有自己独立的见解。但普通人最好还是在这些事情上听从专业的意见。人只要具备特殊的能力,就应该保持他的独立性。

但人也不能把自己活得像刺猬,总是竖起硬刺与世界保持距离。我们大量的日常活动都有赖于合作完成,合作一定也是有人性本能的依据。无论如何,我们都应该学会对于特别熟悉的东西保持自己的见解;只要当我们认为这是重要的,就应该有勇气说出那些不受欢迎的意见。将这些宽泛的原则应用到实际的具体案例中当然会充满困难。但只要人们具备了我们所探讨的几种品质,所遇到的困难就一定会比现在少许多。在那样的世界中,不会再有被迫害的圣人。因为优秀之人不会再有与人隔阂的理由,也不会再感到不自在;他的优秀是遵循内在冲动的自然后果,也会和本能的快乐相结合。周围的人不会再仇恨他,因为他们不再惧怕他;对先驱者的恨意往往来自他们激发出的恐惧,但这样的恐惧不会为已获得勇气之人所拥有。只有被恐惧主宰的人才会去加入三K党或法西斯这样的组织。在一个充满勇者的世界中,这一类的迫害性组织根本无法成立,美好生活也会比现在受到更少的本能抵触。只有无所畏惧的人才可能创造并且延续一个美好的世界。

VI

罗素名言录

> 每个人都有一个独一无二的优点：我就是我

为了感到幸福，我们需要用各种方式来维持我们的自尊。我们是人类，所以人类是造物的目的。我们是美国人，所以美国就是上帝的国家。我们是白人，所以上帝诅咒含姆[1]和他的后裔把他们都变成了黑人。我们是清教徒，所以天主教徒是令我们憎恨的；我们是天主教徒，所以清教徒是令我们憎恨的。我们是男人，所以女人是不可理喻的；我们是女人，所以男人是粗暴愚蠢的。我们是东方人，所以西方是野蛮而混乱的；我们是西方人，所以东方是衰败的。我们是脑力劳动者，所以教育阶层是重要的；我们是体力劳动者，所以劳动人民本身就是神圣的。最后也是最重要的，我们每个人都有一个独一无二的优点：我就是我。正是这一令人欣慰的想法，让我们敢去与世界为敌；如果没有这一想法，我们的勇气就会消散。没有这一想法，照目前情况我们就会感到自卑，因为我们尚未学会平等之情。如果我们真

---

[1] 含姆：相传为非洲人与亚述人的祖先。犹太人世界观中，世界由亚、非、欧三洲组成，挪亚的三名儿子即为白、黄、黑三色人种的祖先。

能感到我和我们的邻人是平等的，既不比他们好也不比他们差，也许生活就会少一些争斗，我们也就用不着拿这些编造的神话为自己撑起一时的虚荣。

并非与传统不同就是进步

直到最近的时代，人们还是普遍认为男人先天要比女人智力更高；即使开明如斯宾诺莎那样的人也会出于这个理由反对妇女有投票权。在白种人中，普遍认为白种人天生就优越于其他肤色的人种，特别是比黑人优秀；在日本，情况则相反，他们认为黄种人才是最优秀的人种。在海地，当他们制作基督和撒旦的雕像时，会把基督做成黑种人，而撒旦则是白种人。亚里士多德和柏拉图认为希腊人与生俱来就比野蛮人优越，所以只要主人是希腊人、奴隶是野蛮人，那奴隶制也就是合法的。

有些"进步思想家"声称，任何人只要和过去传统的观念不一样就一定是正确的。这是一种妄想；如果不是的话，那真理也实在太容易获得了。犯错误的可能性是无限的，由奇思怪想组成的不时髦的错误远比过时的真理更多。

我曾遇见过一个电子工程师，他跟我见面后的第一句话就是："你好吗？世界上存在两种信仰疗法，一种是由基督实践过的，另一种是由大多数基督教科学家所从事的。我练习的那种就是被基督实践过的。"没过多久，他就因制造虚假的资产负债表而被送进监狱。看来在这方面，法律并不会因为有信仰的影响就对你网开一面。

人本能地有一种对确定性的渴求

人生下来就有一种对确定性的渴求，但这毕竟是一种理智的缺陷。如果你在不确定什么天气的情况下带孩子去野餐，他们都会要求一个确定的答案——到底是晴天还是会下雨，你要答不出的话他们就非常失望。在往后的人生中，正是对这种类似保证的渴求，引导大多数人走向上帝允诺的乐土。"清算资本家，幸存的人会得到永恒的幸福。""消灭犹太人，世上再也不会有邪恶之人。""杀死克罗地亚人，让塞尔维亚人来统治。""杀死塞尔维亚人，让克罗地亚人来统治。"这些都是在我们所处时代能赢得广泛欢迎的口号与标语。其实只要学过一点点哲学就不会接受这些嗜血的鬼话。然而，只要人们学不会在缺少证据的情况下保留判断，就会被那些自以为是的先知带入歧途；带头人很可能不是无知的蠢货就是虚伪的骗子。要忍受不确定性是很困难的，就像要学会其他任何一种美德大抵都不容易。正如每一种美德的学习都有对应的训练方法，要想学会暂缓判断最好的训练就是去读哲学。

那些渴望快速回报、相信付出就有收获的人，或许会对哲学这门学问感到极不耐烦。因为在我们现有的知识状态下，哲学无法提供确定性，且鼓励我们从事一种在很多人看来是浪费时间的职业——对无法解决的问题进行不确定的思考。对于这种观点，我是坚决不能苟同的。某一些哲学对于所有人都是必要的，但大多数哲学确实是欠考虑的——当知识缺乏的时候，几乎可以肯定那就是一种愚蠢的哲学。造成这一局面的原因是人类将自己划分成相互对立的狂人群体，每一边都坚定地相信自己的胡言乱语是神圣不可侵犯的真理，而对方只不过是该死的异端。阿里乌教派和罗马天主教、"十字军"和穆斯林、新教徒和教皇的拥护者,他们构成了过去1600年绝大多数徒劳的争斗。只要一点哲学就能证明,在对立双方的所有争议问题上,没有一边有充分的理由相信自己是完全正确的。

一旦我们放弃了自己的理性,我们就会满足于依赖权威,但我们的麻烦并没就此完结。要信哪一个权威呢?《旧约》?《新约》?《古兰经》?实际上,人们会选择被他出生于其中的社群认为是神圣的那本书,除此之外他们只会接受自己喜欢的部分,忽略掉其他。曾经有段时间,《圣经》里最具影响力的一句话是:"行邪术的女人,不可容她存活。"今时今日,人们读到这句话时就会掠过,可能的话就保持沉默;如果不行就表示歉意。可见,即使我们有了一本神圣的典籍,我们仍然只会根据自己的偏见来选择什么是真理。又比如,《提摩太前书》中有一句"做执事的只可做一个妇人的丈夫",显然没有哪个天主教徒把这当回事。

> **人类需要找到安全的途径发泄剩余精力**

我们的精神构造适合一种非常劳其筋骨的生活。当我年轻时，我曾经一放假就去步行。我一天能走25英里，所以到了晚上我用不着去找任何事来打发无聊，因为仅仅是坐下休息就让我很满足了。但现代生活并不奉行这种耗费体力的艰苦原则。许多工作都只需要你坐着，大多数手工作业也只会锻炼到专门的肌肉。前不久人们聚集到特拉法尔加广场为政府通过一个让他们送死的声明而喝彩，如果他们那天都步行了25英里就不会做这样的事了。用这种方法来治愈人的好斗心理，无论如何是不切实际的。

人类要想幸存下来——除了战争这种无法被接受的事以外——必须找到其他稳定而安全的途径来发泄我们剩余的、追求刺激的精力。但这事很少被道德家和社会改革者所关注。先改革社会的人觉得他们还有更严肃的事要思考；而另一方面，道德家们过于在意人们为了追求刺激、发泄激情所向往的事情——毕竟在他们心里，这就意味着罪恶。比如舞厅、影院、我们所处时代的爵士乐等；如果我们相信他们所灌输的东西——这些都是诱惑你步入地狱的堕落途径，那么我们更应该安静地坐在家里，反思我们的罪过。我自己无法完全同意这些严肃的老朽之人发出的警告。魔鬼有很多种样子。一些用来哄骗年轻人，一些用来欺骗老者和严肃的人。如果是魔鬼在引诱年轻人享受快乐，那么有没有可能是同一个魔鬼说服老年人谴责年轻人享受快乐？而且谴责也不可能只是一种适合老年人享受的刺激？或许它就像鸦片一样必须持续加大剂量来产生想要的效果？这不就是要让我们害怕一切？从堕落的电影院开始，一步一步走向谴责对立的政党，意大利人，黑皮肤的南欧人，亚洲移民——简言之，除了我们自己社群外的所有人。正是在这些谴责的广泛散布中，战争发生了。而我从来没听说过有一场战争是从舞厅里面发生的。

欲壑难填

虚荣的最大麻烦在于它会不断膨胀。你越是被人议论，你就越希望自己被人关注。我听说——我并没有直接的经验——那些已被定罪的谋杀犯是被允许在报纸上翻看关于他自己的审判的；如果他发现某个报刊报道得不够充分，就会气得发狂。他越是发现自己出现在其他的报刊上，就越是为那些对他只字不提的报刊感到愤怒。政治家和文人往往也是这样，他们越是变得有名望，剪报处的人就越是难以满足他们的虚荣欲望。虚荣心的影响贯穿了整个人类的生活，从3岁的孩子到皱下眉头就令世界颤抖的统治者都是如此，这点如何夸大都不为过。人类甚至将同样的欲望投射到神明那里从而犯下亵渎的罪过——以为他们幻想出来的神也渴望得到持续的赞美。

人之为人的幸福

我经常被问道：一个封闭、武断的宗教信仰能带来温暖、安全的慰藉；与此相比，你和你那冷冰冰的理性主义又能给渴望被拯救的人提供些什么呢？

这个问题要分几个层面来回答。首先，我没有说我能提供像放弃理性而获得的那种幸福。我也没说我能带来那类从酒精、毒品中获得的快乐，抑或依靠欺诈与剥削积累起来财富的那种快乐。我关心的不是某一个人的快乐与否，而是人之为人的幸福。如果你真心渴望作为人的幸福,那么这些以卑劣手段达成的个体幸福就不会向你敞开。假设你的孩子病了,如果你是一个认真尽责的父母,你就会接受医学的诊断,无论这有多么令人疑惑甚至绝望;但如果你接受了一个江湖骗子令人鼓舞的建议,而你的孩子最终还是死了,那么只要你曾从骗子的谎言中获得过安慰和快乐,你就绝对不是无辜的。

理性只是通往目的的手段

人如果不借助一些令其安慰的神话就无法面对人生的险境,这多少有点脆弱和可鄙。几乎不可避免的是,他内心中某一部分其实意识到了它们只是神话与谎言,而自己之所以相信它们仅仅是因为这些给他带来了安慰。但他却不敢正视这一想法!此外,因为他多少已经意识到了自己的主张并不理性——无论有多么稀微,只要他的主张被人驳斥他就会暴跳如雷。

如果你认为自己的信念是建立于理性之上,你就会通过论证而非迫害对手的方法去支持它;如果论证表明你的信念是错误的,你自然就会抛弃它。但倘若你的信念是建立在信仰之上，你就会明白论证是没有用的，只有诉诸武力——或者是以迫害他人的方式，或者是通过阻碍、扭曲年轻人的心灵，即所谓的"教育"之途径。后者尤其卑劣，因为它其实利用了未成熟的心智毫无防备这一事实。不幸的是，每一个文明国家的学校里都在以不同的程度实践它。

理性仅仅只是通往目的的适应手段，如果有人反对它，那只能是他们认为人们应该去选择那些无法实现自身目的的方法。这就意味着或者是在以何种方式实现目的这方面欺骗人们，或者是告诉人们应该追求的真正的目的并不是所宣称的那些。前一种情况体现为民众被一个巧言善辩的元首误导；后一种例子是那些喜欢折磨学生的校长，他们还一直觉得自己是仁慈的人道主义者。这两种反对理性的依据，我认为没有一个是能在道德上被接受的。

> 一个正确的行为若是出于其他的动机而发出，就不能被算作善行

康德一直致力于奚落那种认为善是由快乐构成的观点；它或许能构成任何东西，唯独除了美德。美德是依据道德律的要求去行事，因为这本身就是道德律的命令。一个正确的行为若是出于其他的动机而发出，就不能被算作善行。如果你对你的兄弟友善是因为你喜欢他，这不能代表你是善良的；但如果你能痛苦地忍受他，最终还是待他友善，因为道德律告诉你应该这样做，那你就是康德认可的那类有德之士。然而，尽管快乐在总体上是没有价值的，但康德觉得好人就该受苦未免有失公平，基于这一点他认为还是要有来世的生活，人们可以在那里享受到永恒的喜悦。如果康德真相信他自己的观点，他就不应该把天堂设想成一个快乐的地方。按照他的逻辑，天堂里的好人永远只能是对他们不喜欢的人表达善意才对。

> 寻求幻想的支撑，不如正视我们自身所付出的努力

我认为，宗教本来且主要是建立在恐惧之上。部分是出于对未知的恐惧，部分是当你身陷险境和麻烦之中，想要有兄长式的人为你挺身而出的那种渴望。恐惧是这整件事的基础——

害怕神秘、害怕失败、害怕死亡。多少代的人们都活在这些怯懦的恐惧里，而科学会帮助我们慢慢克服。科学能够教会我们，而我认为我们自己的内心也能够教会我们：再也不要去寻求幻想的支撑，不要去发明那些天上的盟友，而是正视我们自身所付出的努力——不是为了建造这些个世纪以来教会宣传的天堂，而是为了将这个世界变得更适合人生活。

基督告诉我们要变得像幼小的孩童一样，但小孩子不可能理解微积分、货币流通的准则，抑或防治疾病的现代手段。根据教会的说法，获取这样的知识并非我们的职责。不过教会再也没法主张知识本身就是一种罪过，尽管在它的全盛时期它确实这样做过；虽然不再是有罪的，但获取知识依然是危险的，因为它可能导致智力上的骄傲，从而对基督教的教条产生质疑。举个例子，有两个人：第一个扑灭过在热带地区大面积肆虐的黄热病，但他在工作期间偶尔和自己未曾娶的女人发生亲密关系；第二个人一直都是又懒惰又无能，一年生一个小孩直到自己妻子耗损过世，且对他的孩子疏于照顾以致半数人都死于本可预防的疾病，但他从没有过不正当的性行为。每一个合格的基督徒都会认为第二个人要比第一个人品德更加高尚。

所谓的性道德本质上是针对女人的

从远古时，男人事实上就被默许放纵于不正当的性关系中——尽管在理论上不是这样。男人在步入婚姻之前，从来没被期望过要保持处子之身；即使结了婚后，只要妻子或邻居们没有发现他的出轨行为，也就不会被严肃地处理。这一制度得以存在的可能有赖于卖淫现象。然而，现代人却很难为这一制度提供辩护，也没什么人会建议女人应该享有和男人一样的权利——通过建立一个男性娼妓的阶层，让那些不喜欢自己丈夫的女人也能通过嫖娼获得满足且不用遭受道德的谴责。每一个保守的道德家只要不辞劳苦地来想这件事，就会发现自己在实践中是采取双重标准的——所谓的性道德本质上是针对女人的，而对男人并无所谓。这固然会有些争议，比如他辩解说自己的伦理理论上也要求男人要克制欲望。但对于这一强迫的要求存在明显的规避手段，因为男人要想秘密地犯罪是非常容易的。所以保守的道德家们其实是违反了自己的本意，不只是在男女之间制造了不平等，还因为促进了这样的观点：一个年轻男人去和娼妓发生关系也比和自己般配的女孩这样做更好，尽管事实上后者和他的关系并不是建立在金钱交易上，甚至还带有些许的爱意和喜悦。当然，道德学家们不会去思考提倡一种明知道不会被遵守的德行会带来什么后果；他们认为只要他们没有提倡嫖娼制度就不用为此负责，但事实上卖淫这一现象正是他们那道德教诲不可避免的后果。不过这也只是再次证明了众所周知的事实：我们所处时代的职业道德学家都是些智力低于平均水平的男人。

缺乏相同观念所进行的讨论都是无意义的

人类学家马林诺夫斯基[1]发现，尽管他使出了最大的努力去论证，也没办法让他那些在太平洋群岛上的土著朋友相信存在一种类似于父亲的东西。他们把这当作传教士编出来的愚

---

[1] 马林诺夫斯基：波兰人类学家，其建构以客观民族志记载田野调查研究成果的方式，故被称作民族志之父，代表作《西太平洋上的航海者》。

蠢故事。基督教是一种父权的宗教，对于那些不承认有父亲存在的人是没办法从情感抑或智识上去加以理解的。倘若有必要，我们所谓的"天主圣父"在他们看来只能是"大主舅舅"，但这样就不能传达出正确的意义。因为父权同时意味着权力和慈爱，但在美拉尼西亚岛上是舅舅掌握权力，而父亲们提供慈爱。至于像"人是上帝的孩子"这样一种观念就没法传递给特罗布里恩群岛上的居民，因为他们不认为有谁是任何一个男性的孩子。结果传教士们要想继续宣扬自己的宗教，就不得不去处理一些生理学方面的事实。从马林诺夫斯基的记载推测，他们在这项开头工作上并不成功，因此也就不能继续下去传授《福音书》里的教诲。

> 婚姻中本能上的不满足将对彼此的残忍伪装成道德

无论男女，只要是在保守教育下抚养长大的，就没法学会得体地感受性与婚姻。他们所受的教育认为虚伪和谎言才是父母和老师眼中的美德；性关系，即使是在婚姻内的，也多多少少有点恶心——在其中，输送精子的男人不过是妥协于自己的动物本能，而女人则是屈服于那痛苦的责任。这种态度会令男女双方都对婚姻不满意，并且本能上的不满足又会将对彼此的残忍伪装成道德。

不必为改变了自己的看法而感到羞耻

我从不会因为改变了自己的看法而感到有什么羞耻。经历了 20 世纪上半叶（相对论的提出），有哪个在世纪之初就很活跃的物理学家敢夸耀自己的观点未曾改变？在科学上，只要有新的知识被发现、被证实，人们就会改变原有的观点。但在很多人心里哲学相比于科学其实更接近于神学。只有神学家会宣称自己掌握了永恒的真理，所以基督教的教条从尼西亚会议之后就没变过。既然他们的脑子里空空如也，改变他们的看法也是没有意义的。

很多形式的劝说其实都是诉诸一种武力

若认为劝说和武力是两码事，这并不完全正确。很多形式的劝说——甚至其中很多每个人都赞同——其实都是诉诸一种武力。想想我们是怎么对待孩子们的。我们没有跟他们讲："有人认为地球是圆的，但也有人认为地球是平的；等你长大了，如果你想的话你可以检查相关证据再形成自己的判断。"相反我们就是直接说："地球是圆的。"等到孩子们长得足够大可以去检查证据时，我们的宣传教育早已封闭了他们的心灵，关于地球是平的那最有说服力的论证也不会让他们产生一丝波澜。同样的道理也适用于我们认为很重要的那些道德规范，比如"不要挖鼻子"或者"不要用餐刀吃豆子"。也许，用刀吃豆子真的有什么令人钦佩的原因，但我早年受到的劝说所具有的催眠效果令我完全无法欣赏这种吃饭的方式。

> 强制性的学习只会丧失学习本身的乐趣

孩子们被迫要靠死记硬背去学习有关莎士比亚的知识，结果导致他们把莎士比亚和学究式的无聊联系在一起。如果他们能见到有血有肉的莎士比亚，一定会为他的欢乐与才华大为震惊，即使他们之前从未听说过他也会为此吸引——想看看这个家伙究竟写了些什么。但如果他们在学校里被注射了免疫莎士比亚的疫苗，那可就再也没办法能去欣赏他了。音乐课上也有很多类似的事情。

可莎士比亚不是考虑到无聊的学校才去写

作，他写作的目的就是让自己的观众感受到欢乐。如果他并不能给你带来欢乐，那你还不如干脆无视他。

教育是为了培养对真理的渴望

只要教育的目的是制造信仰而非思想，那防止人们自由的探讨就是不可避免的。他们宁愿强迫年轻人在可疑的事情上面保持赞同的观点，也不愿鼓励他们运用独立的心智去探究可疑之处。教育应该是为了培养对真理的渴望，而不是要证实某些特别的信条就是真理。

科学的方法，本质上是相当单纯的

科学的方法，尽管各种新颖的包装让它看起来似乎非常复杂，但其本质上是相当单纯的。科学的方法就是去观察那些事实，让观察者能够在我们探讨的那类事实中发现普遍的规则。一个科学的观点意味着存在某种理由相信它是真的；一个不科学的观点就是人们坚持它，但并非因为它可能是真的。当一个人向你宣称他知道世间万物的所有确切真理，你只要推断出他并不是一个严谨的人你就赢了。

> 装腔作势是为了让自己的思想躲避他人审查而发明出的工具

对我来说，哲学的进展就如同在迷雾中登山，一点一点看清山的轮廓——刚开始是一片朦胧，但即使爬到最后也仍然会有一定程度的模糊。我完全无法认同那种认为迷雾本身就蕴含有宝贵真理的观点。也有人认为要想达致清晰明白是不可能的，因为这并不容易也很少见。而我从事哲学最根本的动机就是驳斥这一观点。

只有当我一本正经的时候，我才最不希望人们把我讲的话当成一回事。有很多东西在我看来很重要，需要被说出来，但最好不要以那种装腔作势的口吻发出。事实上，我现在越来越觉得，装腔作势就是为了让自己的思想躲避他人仔细审查而发明出的工具——尽管并不总是这样。我没办法相信有什么"神圣不可侵犯"的真理。无论你相信什么，如果你认为这是真的，就应该用正常的话把它表述出来，而不是借助权力机关或通过什么庄严的仪式。

> 如果有社会是不幸的，那是他们自己选择了不幸

在我看来，痛苦和愚蠢对于大多数人而言并非不可避免。我一直坚信智力、耐心、雄辩迟早能让人类走出自我强加的折磨，只要在这期间人类还未把自己全消灭掉的话。基于这种信念，我一直都怀有一定程度的乐观主义，虽然随着年龄越来越老，这种乐观主义也变得清醒，快乐的事情亦离我远去。但我无论如何都无法接受那种宿命论式的观点认为人生来就是要受苦的。造成不幸的原因无论是过去还是现在其实都不难查明。世界上存在着贫穷、瘟疫和饥荒，这是因为人们对自然掌握得并不充分。世界上也有战争、压迫和折磨，这是因为人们对自己的同类怀有敌意。悲观的信念滋生出了病态的痛苦，致使人陷入内心深处的极度不和中，也就令外在的繁荣不起任何作用。但这一切都是不必要的。针对这些问题的方法我们早就知道——这意味着它们是可以被克服的。在现代世界，如果有社会是不幸的，那是社会中的人们自己选择了不幸。或者更确切地说，那是因为他们的无知、习俗、信念和激情，对于他们来说比幸福乃至生活本身更加珍贵。在我

们这个危险的年代,我发现很多人更热衷于痛苦和死亡,要是谁向他们指出了希望,他们反而会变得怒火中烧。

主导了我一生的三种激情

对爱情的渴望,对知识的追求,对遭受苦难的人类不可遏制的同情,这三种简单但无比强烈的激情主导了我的一生。这三种激情,就像阵阵飓风,在深重的苦海上肆意地将我吹来吹去,渐渐抵达绝望的边缘。

我追求爱情,首先是因为它能让我如痴如醉——这种心醉神迷是那么强烈,以致我常常愿意为了几小时的欢乐而牺牲生命中剩下的一切。我追求爱情,其次是因为它能缓解孤独——在那可怕的孤独中,一个颤抖的灵魂,俯视着世界的边缘,进入那冰冷死寂的无底深渊。我追求爱情,最终是因为在爱情的结合中我看到了神秘的缩影,那是圣徒和诗人们所想象出的天堂之景象。这就是我所追求的,尽管它对于人的一生显得太过美好,但最终我还是得到了它。

通往幸福和自由世界的道路

也许事实证明，通往幸福和自由世界的道路要比我原想的更为漫长，但这样一个世界是可能实现的——在这一点上我并没说错，也值得为了让我们与它更加接近而奋斗一生。我致力于追求这样一个梦想，既有个人层面也有社会的层面。个人层面上：去关心那些高尚的、美丽的、温柔的事物，在更为平凡的日子里允许洞察的时刻赐予智慧。社会层面：想象创造这样一个社会，其中的每个个体都能自由地发展；在那里，仇恨、贪婪和嫉妒因为得不到滋养而最终灭亡。正是因为我相信这些东西，所以这个世界上所有的恐怖与不幸都无法使我动摇。

编译后记

伟大的哲学家或者高冷艰涩、超然于世，或者热门通俗、平易近人。编译他们的作品均有风险：前者容易犯错，后者很难出彩；罗素无疑属于后者。自20世纪20年代，罗素的作品就被译介到中国，流传甚广——各类中译本迄今达两百多种，受欢迎程度可见一斑。这其中更是不乏名家译本，比如傅雷译的《幸福之路》、何兆武译的《哲学问题》《西方哲学史》，据说作家李敖20世纪60年代困顿之时也编过一部《罗素选集》以谋生计。面对此种情况，译者当初颇感压力，担心再出一本罗素的编译作品会沦为鸡肋。幸亏丛书主编帮忙明确了任务：舍弃罗素在数理哲学方面的专业贡献，将重点放在他为大众撰写的散文作品上；摘译、编排其中罗素有关幸福的论述，以助读者通过阅读本书掌握获取幸福的能力。于是才有了现在这样一本小书。

即使任务明确，编译本书还面临另一难题：罗素的作品卷帙浩繁，就算去除掉专业性书籍，也仍然难以穷尽。好在著名的劳特里奇出版社已将罗素大量脍炙人口的文集囊括在其"经典丛书"（Routledge Classics）中，算是帮助译者确定了编选范围。除了主编指定的《幸福的征途》（*The Conquest of Happiness*，1930/2006）一书，译者还选择了《我的信念》（*What I Believe*，1925/2004）、《怀疑论文集》（*Sceptical Essays*，1928/2004）、《闲暇颂及其他》（*In Praise of Idleness And Other Essays*，1935/2004）、《论教育》（*On Education*，1926/2009）这四本文集和一部格言辑录《罗素名言录》（*Bertrand Russell's Best*，1981/2009）。由于罗素的自传、回忆录、诺贝尔奖演说词以及讨论婚姻与道德、权力与宗教等论述中的名言佳句已被收录进《罗素名言录》，故原著来源不再一一列出。所以本书实乃译者对上述罗素作品的私人阅读，既不算全面也未够客观。虽抱有择其精华以飨读者的好心，但限于个人认知和审美，难保不是一种偏见。

罗素的作品素以见解独到、文笔优美著称，但其价值更在于一以贯之的理性思考和清晰论证——即使在辨析情感、探讨幸福时也保持了这一点，令人钦佩。译者水平有限，原著的精髓恐未能传达，译文错漏之处亦在所难免，还请诸位批评指教。倘若读者能从这本小书中有所收获，理应归功于罗素的惊人才智。倘若读者经由本书的敲门引路，进而去阅读罗素的英文原著，译者方觉与有荣焉。

恰如平庸之人才会不甘平庸，渴望幸福之人往往身陷不幸。但幸福不是人去追求就能得到的，最好的办法是让它自己送上门来。为此你应该忘记幸福与否这件事，不要太在意自己快不快乐；停止自我沉溺，将目光转向自身以外的东西；对世间万物始终抱有一份善意的好奇，把全部的注意力放在你真正想做的事情上面。若能如此，或许幸福就会在某天与你不期而遇。若能如此，幸或不幸对你而言又何足道哉？

与众多心灵鸡汤相比，罗素熬的这碗别有味道。

李思逸
2021 年 5 月